KB093973

개정판

The Japanese Language

JLPT JPT 시험 대비 **일본어 문법**
한 권으로 따지기

구니사다유타카 저

(주)백산출판사

머리말

일본은 우리나라와 밀접한 관계를 맺고 있기 때문에 일본어를 배우는 사람들이 많았다. 요즘 우리나라 대학생들의 일본 취업이 활발하게 이루어지고 있어서 일본어를 배우는 젊은 사람들이 더욱 늘어났으며 일본어에 대한 관심이 높아졌다.

본서는 일본어 문법의 기초를 배우고 확실하게 익히고 싶은 학생들에게 꼭 필요한 책이다. 특히 일본어 회화를 할 때 필요한 핵심 문법을 한 권으로 찾기 쉽게 구성하였다. 중요한 문법 내용들을 한눈에 알아보기 쉽게 정리했기 때문에 일본어를 빠르고 정확하게, 필요한 내용만 익히는 데 많은 도움이 될 것이다. 그리고 일본어 JLPT나 JPT를 공부하는 학생들이 기초 문법을 따져 보고 완벽하게 익힐 수 있는 연습 문제도 준비하였다.

각 과의 도입부에 기초적인 문법을 정리하였으며, 그런 다음 응용연습을 통해서 기초 문법을 익힌 후 실전으로 객관식 문제를 제시하였다. 객관식 문제는 예문에 있는 문장으로 나오기 때문에 푸는 데 어려움이 없을 것이다. 또 응용문제를 통해 문법을 확실하게 익혔는지 확인할 수 있다. 그 뒤에는 여러 문제 유형으로 된 실전에 가까운 문제를 풀 수 있다. 이러한 여러 단계의 학습을 통해 완벽하게 문법을 익힐 수 있을 것이다.

학생들이 어려워하는 한자를 자연스럽게 익힐 수 있도록 본문에는 히라가나를 쓰지 않았으며, 뒤에 있는 부록으로 한자를 외우면서 문장을 읽는 연습을 할 수 있도록 구성하였다.

지금까지 JLPT나 JPT 시험에 대비한 공부를 하고 싶은데 너무 어렵다고 느꼈던 학생들은 이 책을 통해서 문법을 따지고 문제를 푸는 연습을 할 수 있다.

　끝으로 독자 여러분의 일본어 급수 취득과 일본 취업 성공을 기원하는 바이다.

저자 씀

차례

ひらがな

	あ단	い단	う단	え단	お단
あ행	あ	い	う	え	お
か행	か	き	く	け	こ
さ행	さ	し	す	せ	そ
た행	た	ち	つ	て	と
な행	な	に	ぬ	ね	の
は행	は	ひ	ふ	へ	ほ
ま행	ま	み	む	め	も
や행	や		ゆ		よ
ら행	ら	り	る	れ	ろ
わ행	わ			を	ん

カタカナ

	ア단	イ단	ウ단	エ단	オ단
ア행	ア	イ	ウ	エ	オ
カ행	カ	キ	ク	ケ	ユ
サ행	サ	シ	ス	セ	ソ
タ행	タ	チ	ツ	テ	ト
ナ행	ナ	ニ	ヌ	ネ	ノ
ハ행	ハ	ヒ	フ	ヘ	ホ
マ행	マ	ミ	ム	メ	モ
ヤ행	ヤ		ユ		ヨ
ラ행	ラ	リ	ル	レ	ロ
ワ행	ワ			ヲ	ン

제 **1** 과

문법정리 1

문법정리 1

필수 용어

1. 지시대명사

	근칭	중칭	원칭	부정칭
명사 수식	この 이	その 그	あの 저	どの 어느
	こんな 이런	そんな 그런	あんな 저런	どんな 어떤
사물	これ 이것	それ 그것	あれ 저것	どれ 어느 것
장소	ここ 여기	そこ 거기	あそこ 저기	どこ 어디
방향	こちら 이쪽	そちら 그쪽	あちら 저쪽	どちら 어느 쪽

2. 숫자

1	いち			100	ひゃく	1000	せん
2	に	20	にじゅう	200	にひゃく	2000	にせん
3	さん	30	さんじゅう	300	さんびゃく	3000	さんぜん
4	し・よん	40	よんじゅう	400	よんひゃく	4000	よんせん
5	ご	50	ごじゅう	500	ごひゃく	5000	ごせん
6	ろく	60	ろくじゅう	600	ろっぴゃく	6000	ろくせん
7	しち・なな	70	ななじゅう	700	ななひゃく	7000	ななせん
8	はち	80	はちじゅう	800	はっぴゃく	8000	はっせん
9	きゅう・く	90	きゅうじゅう	900	きゅうひゃく	9000	きゅうせん
10	じゅう					10000	いちまん
11	じゅういち						
12	じゅうに						

3. 시간

	시간	분
1	いちじ	いっぷん
2	にじ	にふん
3	さんじ	さんぷん
4	よじ	よんぷん
5	ごじ	ごふん
6	ろくじ	ろっぷん
7	しちじ	ななふん
8	はちじ	はっぷん
9	くじ	きゅうふん
10	じゅうじ	じゅっぷん
11	じゅういちじ	じゅういっぷん
12	じゅうにじ	じゅうにふん

4. 시제

一昨年 おととし 재작년	去年 きょねん 작년	今年 ことし 올해	来年 らいねん 내년	再来年 さらいねん 내후년
先々月 せんせんげつ 저저번 달	先月 せんげつ 저번 달	今月 こんげつ 이번 달	来月 らいげつ 다음 달	再来月 さらいげつ 다다음 달
先々週 せんせんしゅう 저저번 주	先週 せんしゅう 저번 주	今週 こんしゅう 이번 주	来週 らいしゅう 다음 주	再来週 さらいしゅう 다다음 주
一昨日 おととい 그저께	昨日 きのう 어제	今日 きょう 오늘	明日 あした 내일	明後日 あさって 모레

5. 요일

일요일	월요일	화요일	수요일	목요일	금요일	토요일
日曜日 にちようび	月曜日 げつようび	火曜日 かようび	水曜日 すいようび	木曜日 もくようび	金曜日 きんようび	土曜日 どようび

6. 날짜

	年 년	月 월	日 일
1	いちねん	いちがつ	ついたち
2	にねん	にがつ	ふつか
3	さんねん	さんがつ	みっか
4	よねん	しがつ	よっか
5	ごねん	ごがつ	いつか
6	ろくねん	ろくがつ	むいか
7	しちねん／ななねん	しちがつ	なのか
8	はちねん	はちがつ	ようか
9	きゅうねん	くがつ	ここのか
10	じゅうねん	じゅうがつ	とうか
11	じゅういちねん	じゅういちがつ	じゅういちにち
12	じゅうにねん	じゅうにがつ	じゅうににち
14	じゅうよねん		じゅうよっか
19	じゅうきゅうねん		じゅうくにち
20	にじゅうねん		はつか
何 (몇)	なんねん	なんがつ	なんにち

7. 가족

	남의 가족	자기 가족
할아버지	お祖父さん おじいさん	祖父 そふ
할머니	お祖母さん おばあさん	祖母 そぼ
아버지	お父さん おとうさん	父 ちち
어머니	お母さん おかあさん	母 はは
형, 오빠	お兄さん おにいさん	兄 あに
누나, 언니	お姉さん おねえさん	姉 あね
남동생	弟さん おとうとさん	弟 おとうと
여동생	妹さん いもうとさん	妹 いもうと
남편	ご主人さん ごしゅじんさん	夫／主人 おっと／しゅじん
아내	奥さん おくさん	妻／家内 つま／かない
아들	息子さん むすこさん	息子 むすこ
딸	娘さん むすめさん	娘 むすめ

8. 조수사

	개수	사람	나이
1	ひとつ	ひとり	いっさい
2	ふたつ	ふたり	にさい
3	みっつ	さんにん	さんさい
4	よっつ	よにん	よんさい
5	いつつ	ごにん	ごさい
6	むっつ	ろくにん	ろくさい
7	ななつ	しちにん	ななさい
8	やっつ	はちにん	はっさい
9	ここのつ	きゅうにん	きゅうさい
10	とお	じゅうにん	じゅっさい

문법 복습

1. 명사

1) 私は韓国人です。

2) 私は日本人ではありません。

3) これは本です。

4) これは本ではありません。

＊과거

昨日の天気は雨でした。

昨日の天気は晴れではありませんでした。

〈연습〉

① たなかさん　日本人

② あれ　かばん

③ 先生　韓国人

④ 昨日　晴れ

2. 위치

1) ねこはどこにいますか。

2) つくえの下にいます。

3) かばんはどこにありますか。

つくえの上にあります。

위	아래	안	밖	앞
上	下	中	外	前
うえ	した	なか	そと	まえ
뒤	오른쪽	왼쪽	옆	옆
後ろ	右	左	横	隣
うしろ	みぎ	ひだり	よこ	となり

〈연습〉

① 先生 教室 中
② 本 つくえ 横
③ トイレ 教室 前
④ たなかさん 先生 後ろ

3. 의문사

1) なに(무엇)

   これは何ですか。

2) どこ(어디)

   ここはどこですか。

3) いつ(언제)

   誕生日はいつですか。

4) だれ(누구)

トイレの中にだれがいますか。

5) いくら(얼마)

このりんごはいくらですか。

6) どんな(어떤)

先生はどんなひとですか。

7) どう(어떻다)

ホテルはどうですか。

〈연습〉

① 駅

② 授業

③ 担当教授

④ 夏休み

⑤ 日本の首都

⑥ 旅行

⑦ この本

연습문제

1) 「先生は韓国人ですか。」

   「いいえ、韓国人 (　　　)」

   ① はありません　　　　　② ではありません

   ③ でありません　　　　　④ であります

2) 昨日の天気は雨 (　　　)。

   ① です　　　　　　　② ですか

   ③ でした　　　　　　④ ですた

3) かばんはどこにありますか (　　　)。

   ① つくえ 下です。　　　② つくえの下であります。

   ③ つくえであります。　　④ つくえの下にあります。

4) 誕生日は (　　　) ですか。

   ① いつですか。　　　　② どこですか。

   ③ なんですか。　　　　④ どうですか。

5) 先生は (　　　) 人ですか。

   ① なに　　　　　　　② どう

   ③ どこ　　　　　　　④ どんな

6) りんごはひとつ (　　) ですか。

① なに 　　　　　　② どう

③ いくら 　　　　　④ どんな

제 **2** 과

문법정리 2

문법정리 2

1. が(~가/이)

1) 頭が痛いです。

2) 熱があります。

3) 日本語が好きです。

2. は(~는/은)

1) これはかばんです。

3. に(~에)

1) 卒業式に行きます。

2) 娘にそうじをさせます。

3) 5時に起きます。

4. の

 ~인
 1) こちらは私の妹のゆかりです。
 ~의
 1) これは日本語の本です。
 ~것
 1) これはあなたのです。

5. を(~를/을)

 1) ごはんを食べます。

6. へ(~에)[동작 방향]

 1) 学校へ行きます。

7. と

 ~과/와
 1) ここにりんごとみかんがあります。
 ~하면
 1) ユーヒーにさとうを入れると甘くなります。
 ~라고
 1) 私は田中といいます。

인용문

1) 先生は来ると思います。

8. で

에서

1) 図書館で勉強します。

수단과 방법

1) はしで食べます。

이유

1) かぜで休みます。

9. ～から

~부터

1) 1時から2時まで勉強します。

재료

1) 酒は米から作ります。

이유(주관적인 판단에 따른 이유)

1) 疲れたから寝ました。

10. ～ので(이유)

1) 今日は雨が降ったのでうちで寝ました。

11. ~まで(~까지)

계속성이 있는 동작

1) 夜遅くまで勉強しました。

* ~までに

일시적인 동작

1) 6時までに帰りなさい。

12. ~ば

가정표현

1) まっすぐ行けば銀行があります。

13. ~ても(~해도)

1) 探しても見つかりませんでした。

14. ~ながら(~하면서)

1) 勉強しながら音楽を聞きました。

연습문제

1) 日本語 (　　) 好きです。

　① は　　　　　　　　② が

　③ の　　　　　　　　④ に

2) こちらは私の妹 (　　) ゆかりです。

　① は　　　　　　　　② が

　③ の　　　　　　　　④ に

3) 先生が来る (　　) 思います。

　① は　　　　　　　　② が

　③ の　　　　　　　　④ と

4) はし (　　) 食べます。

　① は　　　　　　　　② を

　③ で　　　　　　　　④ に

5) 娘 (　　) そうじをさせます。

　① は　　　　　　　　② が

　③ の　　　　　　　　④ に

6) 酒は米（　　）作ります。
　　① から　　　　　　　　② より
　　③ に　　　　　　　　　④ を

7) 疲れた（　　）寝ました。
　　① より　　　　　　　　② から
　　③ で　　　　　　　　　④ まで

8) これはあなた（　　）です。
　　① は　　　　　　　　　② が
　　③ の　　　　　　　　　④ に

9) 今日は雨が降った（　　）うちで寝ました。
　　① まで　　　　　　　　② で
　　③ て　　　　　　　　　④ ので

10) 夜遅く（　　）勉強しました。
　　① から　　　　　　　　② まで
　　③ で　　　　　　　　　④ ので

11) 図書館（　　）勉強します。
　　① で　　　　　　　　　② では
　　③ には　　　　　　　　④ に

12) 6時（　　）来てください。

　　① まで　　　　　　　　② までに

　　③ ので　　　　　　　　④ のでに

13) 探し（　　）見つかりませんでした。

　　① て　　　　　　　　　② ば

　　③ たら　　　　　　　　④ ても

14) 勉強し（　　）音楽を聞きました。

　　① ても　　　　　　　　② たら

　　③ ながら　　　　　　　④ なら

15) かぜ（　　）休みます。

　　① は　　　　　　　　　② が

　　③ で　　　　　　　　　④ に

제 **3** 과

문법정리 3

문법정리 3

1. ~でも / ~すら / ~さえ

~조차/~마저/~만이라도

1) こどもでもできます。
2) ひらがなすら知りません。
3) ひらがなさえ知りません。

2. ~だけ / ~ばかり(~만)

1) 教室には学生だけいます。
2) 教室には学生ばかりで先生はいません。

3. ~など(~등)

1) 冷蔵庫には肉や野菜などが入っています。

4. ~し(~하고)

   1) うちは静かだしきれいだし気に入っています。

5. も(도)

   1) 先生も行きます。

6. こそ(~야말로)

   1) 今日こそは学校へ行きます。

7. か(인지)

   1) 今日行くかどうかわかりません。

8. くらい(정도)

   1) 1時間くらいでソウルに行けます。

9. とか(~이나 ~든지)

   1) 運動するなら水泳とかジョギングとかがいいです。

10. ~のに(인데도, 하는데)

   1) せっかく学校へ行ったのに休校でした。

11. 틀리기 쉬운 조사

~に 乗る(타다)、会う(만나다)、似る(닮다)

1) バスに乗ります。

2) 今日、先生に会います。(今日、先生と会います。)

3) 私は父に似ています。(私は父と似ています。)

연습문제

1) 1時間 (　　) でソウルに行けます。
   ① よう　　　　　　② ころ
   ③ ごろ　　　　　　④ くらい

2) こども (　　) できます。
   ① ても　　　　　　② たら
   ③ など　　　　　　④ でも

3) うちは静かだ (　　) きれいだ (　　) 気に入っています。
   ① し・し　　　　　② など・など
   ③ や・や　　　　　④ や・など

4) 今日 (　　) は学校へ行きます。
   ① など　　　　　　② こと
   ③ こそ　　　　　　④ なら

5) 冷蔵庫には肉 (　　) 野菜 (　　) が入っています。
   ① し・し　　　　　② など・など
   ③ や・や　　　　　④ や・など

6) まっすぐ行け (　　) 銀行があります。

① と　　　　　　　　　② ば

③ たら　　　　　　　　④ なら

7) 今日の午後、友だち (　　) 会います。

① で　　　　　　　　　② の

③ を　　　　　　　　　④ に

8) ひらがな (　　) 知りません。

① ても　　　　　　　　② たら

③ すら　　　　　　　　④ でも

9) 運動するなら水泳 (　　) ジョギング (　) がいいです。

① や・や　　　　　　　② とか・とか

③ など・など　　　　　④ し・し

10) 教室には学生 (　　) います。

① しか　　　　　　　　② ばかり

③ たら　　　　　　　　④ だらけ

11) 雨にぬれるので急いでバス (　　) 乗りました。

① に　　　　　　　　　② を

③ で　　　　　　　　　④ と

12) 教室には学生 (　　) で先生はいません。

① たら　　　　　　　② しか

③ ばかり　　　　　　④ だから

13) せっかく学校へ行った (　　) 休校でした。

① ので　　　　　　　② なら

③ から　　　　　　　④ のに

14) 今日行く (　　) どうかわかりません。

① なら　　　　　　　② か

③ から　　　　　　　④ たら

15) 私は母 (　　) 似ています。

① を　　　　　　　　② に

③ の　　　　　　　　④ には

제**4**과

문법정리 4

4 문법정리 4

형용사와 동사의 활용

1. い형용사의 활용

	보통체	정중체
기본형	おおきい	おおきいです
과거형	おおきかった	おおきかったです
부정형	おおきくない	おおきくありません おおきくないです
과거부정형	おおきくなかった	おおきくありませんでした おおきくなかったです
연결형	おおきくて	
연체형	おおきいかばん	
부사형	おおきく	

〈활용연습〉

新しい、涼しい、古い、明るい、長い、少ない、短い、小さい、
暖かい、暗い

(a) 部屋は小さいですか。

はい、小さいです。

いいえ、小さくありません。

(b) 昨日は寒かったですか。

はい、寒かったです。

いいえ、寒くありませんでした。

(c) このかばんは大きくて新しいです。

(d) このごろ暖かくなりました。

---

2. な**형용사의 활용**

	보통체	정중체
기본형	しずかだ	しずかです
과거형	しずかだった	しずかでした

부정형	しずかでは(じゃ)ない	しずかでは(じゃ)ありません しずかでは(じゃ)ないです
과거부정형	しずかでは(じゃ)なかった	しずかでは(じゃ)ありませんでした しずかでは(じゃ)なかったです
연결형	しずかで	
연체형	しずかなへや	
부사형	しずかに	

〈활용연습〉

> きれいだ、有名だ、にぎやかだ、上手だ、暇だ、便利だ

(a) この部屋はきれいですか。

   はい、きれいです。

   いいえ、きれいじゃありません。

(b) あの人は有名でしたか。

   はい、有名でした。

   いいえ、有名じゃありませんでした。

(c) そのホテルはきれいで静かでした。

(d) もっと、きれいにそうじをしてください。

3. 동사의 활용

	보통체	정중체
기본형	たべる	たべます
과거형	たべた	たべました
부정형	たべない	たべません
과거부정형	たべなかった	たべませんでした たべなかったです
연결형	たべて	
연체형	たべるとき	
부사형	たべるように	

1) 동사의 분류

그룹1(5단동사)	어미가 る 아닌 것 어미가 る로 끝나는 중에 る 앞이 あ、う、お단이 오는 동사	行く、飲む、書く、読む かかる、とる、よる * 예외:帰る、入る、走る、切る
그룹2(1단동사)	어미가 る로 끝나는 중에 る 앞이 い、え단이 오는 동사	食べる、見る、寝る、起きる
그룹3(변격동사)		する、来る

2) ます형(~합니다)

그룹1(5단동사)	う단 → い단+ます	いきます、かかります
그룹2(1단동사)	る+ます	たべます、みます、ねます
그룹3(변격동사)	する	します
	くる	きます

~ませんか	~하지 않겠습니까?
~ましょう	~합시다
~ましょうか	~할까요?

〈동사연습〉

> たつ、さがす、とめる、かける、すすめる、おしえる、おおう、
> およぐ、つくる、ならべる、あそぶ、とる、かかる、おきる

(a) 今日、学校へ行きます。

(b) 今日、学校へ行きますか。
　　はい、行きます。
　　いいえ、行きません。

(c) 昨日、ジュースを飲みました。

(d) 昨日、ジュースを飲みましたか。
　　はい、飲みました。
　　いいえ、飲みませんでした。
　　＊もう、ジュースを飲みましたか。
　　　いいえ、まだ、飲んでいません。

(e) 明日、公園へ行きませんか。

はい、行きましょう。

すみません、用事があるので、行けそうにありません。

(f) この紙に名前を書きましょうか。

はい、お願いします。

いいえ、書かなくてもいいです。

---

3) て형(~하고, ~해서)

그룹1(5단동사)	어미가 う、つ、る → って 　　　 む、ぶ、ぬ → んで 　　　 く、ぐ → いて、いで 　　　 す → して ＊예외 いく → いって	いう → いって うつ → うって のる → のって ぬすむ → ぬすんで あそぶ → あそんで しぬ → しんで かく → かいて およぐ → およいで はなす → はなして
그룹2(1단동사)	る + て	ねる → ねて
그룹3(변격동사)	する	して
	くる	きて

～てください	~해 주세요
～てもいいです	~해도 됩니다
～てはいけません	~하면 안 됩니다
～ています	~하고 있습니다

〈활용연습〉

のむ、さわぐ、かくす、よぶ、のる、おくる、すう、わすれ
る、つかう、はじめる、かりる

(a) きれいに書いてください。

(b) ここに座ってもいいです。

(c) この部屋に入ってはいけません。

(d) 今、勉強しています。

연습문제

1) この部屋に入 (　　　) 。

  ① てはいけません   ② ってはいけません

  ③ てはいけます   ④ ってはいけます

2) 部屋は小さいですか。

  いいえ、小さ (　　) ありません。

  ① じゃ   ② く

  ③ に   ④ で

3) この紙に名前を書き (　　) か。

  はい、お願いします。

  ① ましょう   ② ます

  ③ て   ④ ました

4) 昨日は寒 (　　) か。

  ① でした   ② です

  ③ だった   ④ かったです

5) 今、勉強（　　　）。
   ① しました　　　　　　　② しています
   ③ すています　　　　　　④ すました

6) このかばんは大き（　　　）新しいです。
   ① くて　　　　　　　　　② で
   ③ と　　　　　　　　　　④ く

7) このごろ暖か（　　　）なりました。
   ① で　　　　　　　　　　② に
   ③ く　　　　　　　　　　④ じゃ

8) もう、ジュースを飲みましたか。
   いいえ、まだ、飲（　　　）。
   ① みませんでした　　　　② むませんでした
   ③ んていません　　　　　④ んでいません

9) この部屋はきれい（　　　）ありません。
   ① には　　　　　　　　　② く
   ③ じゃ　　　　　　　　　④ で

10) あの歌手は以前、とても有名（　　　）。
   ① かったです　　　　　　② でした
   ③ です　　　　　　　　　④ ます

11) 明日、公園へ行きませんか。

　　はい、行き（　　　）。

　　① ます　　　　　　　　② ません

　　③ ましょう　　　　　　④ ました

12) そのホテルはきれい（　　　）静かでした。

　　① に　　　　　　　　　② くて

　　③ では　　　　　　　　④ で

13) もっと、きれい（　　　）そうじをしてください。

　　① に　　　　　　　　　② く

　　③ と　　　　　　　　　④ で

14) ゆっくり 話（　　　）ください。

　　① を　　　　　　　　　② て

　　③ して　　　　　　　　④ しで

15) 昨日、水を飲みましたか。

　　いいえ、飲（　　　）。

　　① んでいません　　　　② ませんでした

　　③ まないでした　　　　④ みませんでした

앞으로 배우는 동사활용

1) た형(과거기본형)

た형과 같은 활용을 한다.

그룹1(5단동사)	어미가 う、つ、る → った 　　　む、ぶ、ぬ → んだ 　　　く、ぐ → いた、いだ 　　　す → した ＊예외 いく → いった	いう → いった うつ → うった のる → のった ぬすむ → ぬすんだ あそぶ → あそんだ しぬ → しんだ かく → かいた およぐ → およいだ はなす → はなした
그룹2(1단동사)	る + た	ねる → ねた
그룹3(변격동사)		する→して くる→きた

2) ない형(~하지 않다)

그룹1(5단동사)	う단 → あ단 + ない ＊う는 わ가 된다	いく → いかない のむ → のまない かく → かかない
그룹2(1단동사)	る + ない	ねる → ねない
그룹3(변격동사)		する → しない くる → こない

~ないでください	~하지 말아 주세요

(a) この部屋に入らないでください。

(b) ここに名前を書かないでください。

3) 가정형(~하면)

그룹1(5단동사)	う단 → え단 + ば	いく → いけば のむ → のめば かく → かけば
그룹2(1단동사)	~~る~~ + れば	ねる → ねれば
그룹3(변격동사)		する → すれば くる → くれば

4) 의지형(~하려고, ~하자)

그룹1(5단동사)	う단 → お단 + う	いく → いこう のむ → のもう かく → かこう
그룹2(1단동사)	~~る~~ + よう	ねる → ねよう
그룹3(변격동사)		する → しよう くる → こよう

5) 가능형(~할 수 있다)

그룹1(5단동사)	う단 → え단 + る	いく → いける のむ → のめる かく → かける
그룹2(1단동사)	~~る~~ + られる	ねる → ねられる
그룹3(변격동사)		する → できる くる → こられる

6) 사역형

그룹1(5단동사)	う단 → あ단 + せる う는 わ로 한다	いく → いかせる のむ → のませる かく → かかせる
그룹2(1단동사)	~~る~~ + させる	ねる → ねさせる
그룹3(변격동사)		する → させる くる → こさせる

7) 수동형(존경어)

그룹1(5단동사)	う단 → あ단 + れる	いく → いかれる のむ → のまれる かく → かかれる
그룹2(1단동사)	~~る~~ + られる	ねる → ねられる
그룹3(변격동사)		する → される くる → こられる

8) 사역수동형

그룹1 (5단동사)	う단 → あ단 + される · せられる	いく → いかされる 　　　　いかせられる のむ → のまされる 　　　　のませられる かく → かかされる 　　　　かかせられる はなす → はなさせられる
그룹2 (1단동사)	る + させられる	ねる → ねさせられる
그룹3 (변격동사)		する → させられる くる → こさせられる

제**5**과

형용사나 명사에 접속하는 말

5 형용사나 명사에 접속하는 말

1. ~は~より(~은 ~보다)

1) ソクチョはソウルより涼しいです。
2) 東京は大阪よりきれいです。

〈연습〉

① 韓国/日本
② 大学/高校
③ ハンバガー/ケーキ

---

2. ~ほど~ない(~만큼 하지 않다)

1) この時計はあの時計ほど高くありません。
2) 韓国は日本ほど広くありません。

① ソクチョ/きらいだ

② キョンドン大学/広い

③ 学校の食堂/うるさい

3. ~と~とどちら(~와 ~중 어느쪽)

1) りんごとバナナどちらが好きですか。

2) 魚と肉とどちらがおいしいですか。

① 数学/英語/難しい

② 犬/猫/かわいい

③ ソウル/東京/好きだ

4. ~に する(~로 한다)

1) 何にしますか。私はユーヒーにします。

2) 宿泊はプリンスホテルにしました。

3) きょうの授業はこれで終りにします。

① 何にしますか。(スパゲッティ、サンドイッチ、カレー、うどん、ラーメン)

② 約束の場所はどこにしますか。(駅前、ユーヒーショップ)

5. ～が する(~가 나다, ~이 든다)

1) 味がする。

2) においがする。

3) 音がする。
   声がする。

6. ～し(~하고)

1) この店は値段が高いし、おいしくないです。

2) 彼は頭がいいし、運動もできます。

① 今日は遅い/疲れたので帰る

② 弟たちはうるさい/きたない/きらいだ

③ その家は広い/きれいだ

④ その犬は小さい/かわいい

7. ~さ(형용사의 명사형/정도를 나타낸다)

　1) 暖かさ

　2) 深さ

〈연습〉

① 真剣だ (しんけんだ)

② 寒い

③ 静かだ

④ 重い

* さ/み

　さ : 객관적인 것/그 주체의 성질 상태

　み : 주관적, 감각적인 것/사람이 성질이나 상태를 느끼는 것

　1) この海の深さはどのくらいですか。

　2) この詞はとっても深みがあります。

연습문제

1) 韓国料理は日本料理 (　　) おいしい。

　① ほど　　　　　　　　② よく

　③ ほう　　　　　　　　④ より

2) 彼 (　　) 頭が良くない。

　① よく　　　　　　　　② ほう

　③ から　　　　　　　　④ ほど

3) 私はラーメン (　　)。

　① にします　　　　　　② がします

　③ でします　　　　　　④ をします

4) 彼女ほど (　　) です。

　① きれいじゃない　　　② きれくない

　③ きれい　　　　　　　④ きれいじゃ

5) ユーヒーとサイダー (　　) が好きですか。

　① どちら　　　　　　　② とどちら

　③ より　　　　　　　　④ ほう

6) 子供はいたずらはする (　　)、泣く (　　) とっても嫌いだ。

   ① て、て　　　　　　　② や、や

   ③ と、と　　　　　　　④ し、し

7) 数学と科学 (　　) 嫌いですか。

   ① どちらを　　　　　　② どちらが

   ③ とどちらを　　　　　④ とどちらが

8) 日本語の先生はとても暖 (　　) があります。

   ① かみ　　　　　　　　② かさ

   ③ かい　　　　　　　　④ かくて

9) 注文は何 (　　) か。

   ① をします　　　　　　② がします

   ③ でします　　　　　　④ にします

10) 今日は暑い (　　) 忙しい (　　) 大変でした。

   ① く、く　　　　　　　② くて、くて

   ③ し、し　　　　　　　④ や、や

11) このジュースはオレンジの味 (　　)。

   ① がでます　　　　　　② をします

   ③ がします　　　　　　④ をでます

12) あのビルの (　　) は100メートルくらいだ。

① 高さ　　　　　　　② 高み

③ 高く　　　　　　　④ 高い

13) この部屋はへんなにおい (　　)。

① です　　　　　　　② がです

③ がでます　　　　　④ がします

14) 　最近は3月並みの暖 (　　) だ。

① かみ　　　　　　　② かい

③ かさ　　　　　　　④ かく

15) 犬は猫 (　　) かわいい。

① から　　　　　　　② より

③ で　　　　　　　　④ ので

제**6**과

こと의 용법

6 こと의 용법

1. 동사 기본형+ことが できる(~할 수 있다)

　1) 日本語を話すことができます。

　2) 漢字を書くことができます。

　① ピアノをひく

　② 料理をする

　③ プールで泳ぐ

　④ 本を読む

2. 동사 과거기본형(た형)+たことが ある(~할 때가 있다, ~한 적이 있다)

　1) 学校を休んだことがあります。

　2) 先生が怒ったことがあります。

3) 日本へ行ったことがあります。

4) 料理をしたことがあります。

〈연습〉

① 海で泳ぐ

② 山に登る

③ スキーをする

④ オーロラを見る

4. 동사 기본형+ことに する(~하기로 하다)

1) 国へ帰ることにしました。

2) たばこをやめることにしました。

3) 酒を飲まないことにしました。

〈연습〉

① 明日ソウルに行く

② 大学の友だちに会う

③ ケーキを食べる

5. 동사 기본형+ことになる(하기로 되다)

　1) 東京へ行くことになりました。

　2) 就職することになりました。

　3) 学校をやめることになりました。

〈연습〉

① 国に帰る

② 明日、そうじをする

③ 旅行に行かない

---

6. 동사 기본형+ことになっている(하기로 되어 있다)

　1) ここの食堂はお金を先に払うことになっています。

　2) この図書館では２週間、本を借りれることになっています。

　3) 学校の前で集まることになっています。

〈연습〉

① 明日、山に登る

② 来週、日本へ行く

연습문제

1) テニスをすること(　　) できます。

① に　　　　　　　　　② で

③ を　　　　　　　　　④ が

2) 日本へ帰ること(　　) します。

① が　　　　　　　　　② に

③ を　　　　　　　　　④ で

3) 船に乗(　　) ことがあります。

① た　　　　　　　　　② った

③ で　　　　　　　　　④ る

4) 辛い料理を食(　　) ことができます。

① べた　　　　　　　　② べった

③ べる　　　　　　　　④ べて

5) 弟に怒(　　) ことがあります。

① た　　　　　　　　　② った

③ る　　　　　　　　　④ て

6) 犬をかうことに（　　）。

　① できました　　　　② あります

　③ しました　　　　　④ すました

7) 私は一人で旅行をする（　　）できます。

　① ものが　　　　　② ものに

　③ ことが　　　　　④ ことに

8) 彼と付き合うことに（　　）した。

　① なるま　　　　　② なりま

　③ する　　　　　　④ できま

9) 学校に行ったことが（　　）。

　① できます　　　　② なります

　③ ないでした　　　④ ありません

10) プールで泳（　　）ことがありません。

　① ぐ　　　　　　② いだ

　③ んだ　　　　　④ いで

11) 運動を（　　）ことにします。

　① やめる　　　　② やめた

　③ やめて　　　　④ やめって

12) ソラク山に登（　　）ことがあります。
  ① る　　　　　　　　　② んで
  ③ って　　　　　　　　④ った

13) 明日の朝、友だちと会う（　　）なっています。
  ① と　　　　　　　　　② こと
  ③ ことに　　　　　　　④ ことく

14) 先生をやめること（　　）ました。
  ① ができ　　　　　　　② になる
  ③ になり　　　　　　　④ くなり

15) 海で泳いだことが（　　）。
  ① できます　　　　　　② なります
  ③ あります　　　　　　④ います

제 **7** 과

て형에 접속

て형에 접속

1. ~てみる(~해 보다)

1) 一度試験を受けてみました。

2) 着物を着てみました。

3) ベトナム料理を食べてみました。

〈練習〉

① レストランへ行く

② がんばる

③ 探す

④ 日本語で話す

2. ~てはいけない(~하면 안된다)

   1) ゲームをしてはいけません。

   2) 泳いではいけません。

〈연습〉

   ① 遊ぶ

   ② 泳ぐ

   ③ 話す

   ④ うるさくする

   ⑤ 食べる

   ⑥ たばこを吸う

3. ~て しまいます(~해 버리다)

   1) 忘れてしまいます。

   2) かぜをひいてしまいました。

   3) ねぼうをしていまいました。

〈연습〉

   ① 手紙を捨てる

   ② 仕事をやめる

③ 甘いものを食べる

④ 運転中に寝る

---

4. ~て おく(~해 두다, 해 좋다)

1) 誕生日の準備は何かしておきましたか。

〈연습〉

① プレゼントを買う

② ケーキを買う。

③ おれいの言葉を考える。

---

5. ~ていく(~해 가다)

~ていく(앞으로도 종종 변해간다)

~てくる(전부터 지금까지 변해온다)

1) 人気がだんだん出てきました。

2) これから子供がどんどん減っていくでしょう。

〈연습〉

① 日本人の生活が変わる

② 外国人が増える

---

6. ~ても(~해도)

1) 何回聞いてもわかりません。

2) 病気になっても仕事をやめません。

3) 失敗してもまたがんばります。

〈연습〉

① 練習する。

② 何度も話す

③ 雨が降る

④ そうじする

7. どんなに(いくら)~ても(아무리 ~해도)

1) いくら電話をかけても出ません。(=どんなに電話をかけても出ません。)

2) いくら待っても来ません。(= どんなに待っても来ません。)

3) いくらたくさん食べても太りません(=どんなに食べても太りません。)

〈연습〉

① 探す

② 走る

③ 寝る

8. ～ても いい (かまいません) (~해도 괜찮습니다)

　1) たばごを吸ってもいいです。

　2) ゲームをしてもかまいません。

〈연습〉

①　ここで遊ぶ

②　教室で話す。

③　うるさくする

④　食べる

⑤　泳ぐ

연습문제

1) 一度、着物を着（　　）です。
　① るみたい　　　　　　② てみたい
　③ みたい　　　　　　　④ りみたい

2) ゲームを（　　）いけません。
　① するは　　　　　　　② したは
　③ しても　　　　　　　④ しては

3) かぜをひ（　　）しまいました。
　① くて　　　　　　　　② いた
　③ いても　　　　　　　④ いて

4) いくら電話を（　　）出ません。
　① かけても　　　　　　② かけると
　③ かけて　　　　　　　④ かけたら

5) 誕生日の準備は何か（　　）おきましたか。
　① しても　　　　　　　② して
　③ しては　　　　　　　④ したら

6) ゲームを (　　) かまいません。

① しても ② して

③ しては ④ したら

7) 泳い (　　) いけません。

① ては ② でも

③ ても ④ では

8) こどもがだんだん減 (　　) きました。

① て ② で

③ って ④ く

9) 何回聞いても (　　)。

① わかります ② わかりました

③ わかりません ④ わかっています

10) 病気になっても仕事を (　　)。

① やめます ② やめました

③ やめません ④ やめています

11) ベトナム料理を食べ (　　)。

① てします ② てあります

③ てみます ④ てきます

12) いくら待っても来ま (　　) 。

　① す　　　　　　　　　② せん

　③ した　　　　　　　　④ します

13) ねぼうをして (　　) ました。

　① い　　　　　　　　　② しまい

　③ し　　　　　　　　　④ いまい

14) たばごを吸 (　　) いいです。

　① うて　　　　　　　　② っても

　③ て　　　　　　　　　④ ても

15) これからもどんどん減って (　　) でしょう。

　① くる　　　　　　　　② き

　③ いき　　　　　　　　④ いく

제**8**과

ます형에 접속

ます형에 접속

1. ~동사의 ます형 + だす(~하기 시작하다)

  1) 急に雨が降りだしました。

  2) 急に動きだしました。

〈연습〉

  ① 花が咲く

  ② 赤ちゃんが泣く

  ③ 父が怒る

2. ~동사의 ます형 + はじめる(~하기 시작하다)

  1) さくらが咲きはじめました。

  2) 雨が降りはじめました。

〈연습〉

① 太る
② 小学校に通う
③ 風がふく
④ 愛を感じる

---

3. ~동사의 ます형+おわる(다 ~하다)

1) やっと食べおわりました。
2) 卒業論文が書きおわりました。

〈연습〉

① 読む
② 勉強をする

---

4. ~동사의 ます형+すぎる(너무 ~하다)

1) 食べすぎました。
   大きい→大きすぎる
   有名だ→有名すぎる

〈연습〉

① さとうをいれる

② 髪が短い

③ 山の中は静かだ

---

5. ~동사의 ます형+つづける(계속 ~하다)

1) 彼女は本を読みつづけました。

〈연습〉

① 探す

② 歩く

③ 食べる

④ しゃべる

---

6. ~동사의 ます형+かた(하는 방법)

1) 読みかたを教えてください。

2) 書きかたがわかりません。

〈연습〉

① 打つ

② 来る

③ 考える

④ 使う

7. ~동사의 ます형+たい(~하고 싶다)

1) 日本に行きたいです。

2) 飛行機に乗りたいです。

〈연습〉

① ゆっくり休む

② 仕事をする

③ 山に登る

* ~がほしい ~를 갖고 싶다

　車がほしいです。 ＝車が買いたいです。

8. ~동사의 ます형+たがっている(~하고 싶어하다)

1) 行きたがっています。

2) 乗りたがっています。

3) 食べたがっています。

〈연습〉

① 飲む

② 買う

③ 休む

---

9. ~동사의 ます형+なさい(~하라)

1) 考えなさい

2) 読みなさい

3) 来なさい

4) 答えなさい

〈연습〉

① 座る

② 飲む

③ 食べる

④ 探す

10. ~동사의 ます형+やすい/にくい(~하기 쉽다/~하기 어렵다)

  1) 書きやすい

  2) 読みやすい

  3) 食べやすい

〈연습〉

① わかる

② 探す

③ 飲む

④ 動く

⑤ 忘れる

⑥ 習う

11. ~동사의 ます형+ながら(~면서)

  1) テレビを見ながらごはんを食べます。

  2) 音楽を聞きながら勉強します。

〈연습〉

① 電話する／運転する

② ジュースを飲む／本を読む

③ 音楽を聞く／そうじをする

연습문제

1) 娘は飛行機に乗り (   ) 。

　① たいです　　　　　② たがっています

　③ たくています　　　④ たかった

2) 急に雨が降り (   ) ました。

　① だし　　　　　　　② おわり

　③ だす　　　　　　　④ おわる

3) 私は飛行機に乗り (   ) です。

　① たいです　　　　　② たがっています

　③ たくています　　　④ たかった

4) この本は字が小さくて読 (   ) です。

　① みにぐい　　　　　② むにぐい

　③ みにくい　　　　　④ むにくい

5) やっと食べ (   ) ました。

　① おわり　　　　　　② てしまい

　③ たがり　　　　　　④ てい

6) 食 (　　) ました。
　　① べるすぎ　　　　　　② べるすぎる
　　③ べすぎ　　　　　　　④ べすぎり

7) 彼女は昨日一日中、本を読 (　　) ました。
　　① み終り　　　　　　　② みだし
　　③ みつづけ　　　　　　④ み始め

8) 読 (　　) を教えてください
　　① みかた　　　　　　　② むかた
　　③ みほう　　　　　　　④ むほう

9) 私は日本に行 (　　) です。
　　① くたい　　　　　　　② ってほしい
　　③ きたい　　　　　　　④ きたがり

10) 卒業論文が書 (　　) おわりました。
　　① き　　　　　　　　　② いて
　　③ く　　　　　　　　　④ くて

11) 私は車が (　　)。
　　① ほしがっています　　② ほしいです
　　③ たいです　　　　　　④ ほしくています

12) 雨が降り (　　) ました。

① はじめ　　　　　　　② はじまる

③ はじまり　　　　　　④ はじめる

13) 母は行き (　　) す。

① たいで　　　　　　　② たがっています

③ てほしいで　　　　　④ たくていま

14) このボールペンは書 (　　) です。

① きやすい　　　　　　② くやすい

③ いてやすい　　　　　④ けやすい

15) 遅くなるので早く帰って来 (　　)。

① てなさい　　　　　　② なさい

③ なさいます　　　　　④ なさいです

제 **9** 과

기본형에 접속

9 기본형에 접속

1. ~동사의 기본형+つもりだ(~할 생각이다)

  1) 明日は学校へ行くつもりです。

  2) 友だちにプレゼントをあげるつもりです。

  3) アルバイトをやめるつもりです。

〈연습〉

  ① 行く

  ② 食べる

  ③ 聞く

  ④ する

---

2. ~동사의 기본형 + 予定だ(~할 예정이다)

  1) 明日、日本に行く予定です。

2) 姉の家に泊まる予定です。

〈연습〉

① 今日はプルュギを食べる
② 来年、就職する
③ 今年、結婚する

---

3. ~동사의 기본형 + しかない(~수밖에 없다)

1) こうなった以上、仕事をやめるしかないです。
2) 道が込んでいるので電車で行くしかないですね。

〈연습〉

① 時間がないので近道を行く
② 病気になったので入院する

---

4. 명사 + ~ために

(1) 명사 + の ために(~ 때문에)

1) 台風のために旅行に行けませんでした。
2) 暑さのために食欲がありません。

〈연습〉

① 時間がない／宿題ができない

② 病気／学校をやめる

---

(2) 동사기본형 / 명사 + の + ために(~하기 위해서)

　1) 旅行に行くためにお金をためました。

　2) 健康のために運動をします。

〈연습〉

① 大学に行きます

② くつを買います

③ 試験に合格します

---

5. ~동사의 기본형+かもしれない(~일지 모른다)

　1) やめるかもしれません。

　2) 来るかもしれません。

　3) 休むかもしれません。

〈연습〉

① 歩きます

② 参加します

③ 寝ます

④ 泳ぎます

---

6. ~동사의 기본형+か どうか(~할지 안할 지/인지 아닌지)

1) やめるかどうかわかりません。

2) 来るかどうかわかりません。

3) 休むかどうかわかりません。

〈연습〉

① 行きます

② 出席します

③ バスに乗ります

④ 買います

---

7. ~동사의 기본형+はずだ(~할 것이다, 일 터이다)

1) 彼はきっと来るはずだ。

2) 大学に受かるはずだ。

3) 10年も日本語を勉強したのだから、上手なはずだ。

〈연습〉

① 有名です

② 学校にいます

③ 留守です

④ 眠いです

④ わかります

8. 동사의 기본형+はずがない(~할 리가 없다)

1) 彼はがんばったんだから、失敗するはずがありません。

2) いっしょうけんめい勉強したから、試験に落ちるはずがありません。

3) 仕事をやめるはずがあるません。

〈연습〉

① ここは沖縄だから雪が降ります。

② 学校に行きません。

③ この本はベストセラーだからおもしろくありません。

연습문제

1) 友だちにプレゼントを（　　）つもりです。

① あげて ② あげる

③ あげ ④ あげり

2) やめる（　　）わかりません。

① どうか ② か

③ かどうか ④ かも

3) 明日、日本に行（　　）予定です。

① って ② て

③ く ④ きて

4) こうなった以上、仕事をやめる（　　）。

① しまいました ② してしまいました

③ しかありません ④ しかあります

5) 休むか（　　）わかりません。

① なにか ② どこか

③ どうか ④ どれか

6) 旅行に行 (　　) お金をためました。

① くためで　　　　　② くのために

③ きために　　　　　④ くために

7) 仕事をやめる (　　) ありません。

① ことが　　　　　② かも

③ はず　　　　　④ はずが

8) 来る (　　)。

① かもしれます　　　② かもしります

③ かもしれません　　④ かもしりません

9) いつ来る (　　) わかりません。

① かどうか　　　　　② か

③ どうか　　　　　④ かどれか

10) 彼はきっと来る (　　) だ。

① はず　　　　　② みたい

③ よう　　　　　④ そう

11) 彼は日本に住んでいたので、日本語が上手 (　　) はずだ。

① の　　　　　② な

③ だ　　　　　④ じゃ

12) 健康 (　　) ために運動をします。

① な　　　　　　　　　② だ

③ に　　　　　　　　　④ の

13) 失敗するはずが (　　　)。

① あります　　　　　　② います

③ ありません　　　　　④ いません

14) 大学に行くことができないので就職する (　　　)。

① だけかもしれません　② だけでもありません

③ しかありません　　　④ しかしりません

15) 台風の (　　　) 旅行に行けませんでした。

① ため　　　　　　　　② せいに

③ ためで　　　　　　　④ せい

제 **10** 과

추 측

10 추 측

1. ～そうだ(～라고 한다)

　기본형+そうだ

　　1) ニュースによると今日雨が降るそうだ。

　　2) さっき地震があったそうだ。

〈연습〉

　　① 試験が簡単でした。

　　② もうすぐ試合が始まります。

　　③ うちのチームが勝ちました。

2. ～そうだ(～인 것 같다/～라고 한다)

　　～인 것 같다
　　ます형+そうだ
　　い +そうだ

1) 空を見ると、今にも雨が降りそうだ。

2) あのパン屋のパンはとてもおいしそうだ。

* ～そうにありません(~인 것 같지 않습니다)

1) 明日、雨が降りそうにありません。

2) 今週中には、行けそうにありません。

〈연습〉

① 赤ちゃんが今にも泣きます。

② 友だちがしているゲームはとてもおもしろいです。

③ 宿題ができません。

3. ～だろう(~일 것이다)

자기 판단의 추측

1) 明日雨が降るだろう。

3) 私の誕生日にお母さんが来るだろう。

〈연습〉

① そのチームはきっと試合に勝ちます。

② 山田さんは明日きっと行きます。

4. ～らしい(～인 것 같다)[들은 근거가 있는 추측]

   1) 山田さんはどうも離婚したらしい。

   2) 田中さんは東京大学に通っているらしい。

〈연습〉

   ① 彼は仕事をやめました。

   ② 娘は風邪をひきました。

   ③ 隣の息子さんはどうも勉強しません。

5. ～ようだ(～인 것 같다)[어떤 근거로 상황 상태를 추측]

   1) どうも風邪をひいたようですね。

   2) あの店はとても人気があるようだ。

〈연습〉

   ① 今、雨が降っています。

   ② 山田さんは最近とても忙しいです。

   ③ 騒ぎになりましたが、なにもありませんでした。

6. ~みたいだ

~일 것이다[회화에서 쓰는 추측]
1) 雨がやんだみたいです。
2) 山田さんは大学に合格したみたいです。

〈연습〉

① 隣の息子さんは勉強ができます。
② 山田さんは先生になりました。
③ 田中さんは何もすることがありません。

마치 ~과 같다[ようだ도 같이 쓸 수 있다]
1) 田中さんはまるで人形みたいです。
2) 金さんは日本人みたいに日本語が上手です。

〈연습〉

① 金さんは日本人です。
② あの人はとってもきれいなのでタレントです。
③ 彼はとても太っているのですもう選手です。

연습문제

1) ニュースによると今日雨が降 (　　) そうだ。

① り　　　　　　　　　② る

③ って　　　　　　　　④ りて

2) あの人はとってもきれいなのでタレント (　　) です。

① そう　　　　　　　　② のみたい

③ のよう　　　　　　　④ よう

3) どうも風邪をひいた (　　) ですね。

① よう　　　　　　　　② そう

③ どう　　　　　　　　④ こと

4) 今週中には行けそう (　　) ありません。

① じゃ　　　　　　　　② く

③ に　　　　　　　　　④ ては

5) このパン屋のパンはとてもおいし (　　)。

① そうだ　　　　　　　② ようだ

③ みたいだ　　　　　　④ だろう

6) 私の誕生日に母が来る（　　）。

① ます 　　　　　　　② です

③ だ 　　　　　　　　④ だろう

7) 田中さんは東京大学に通っている（　　）。

① ことだ 　　　　　　② らしい

③ ほしい 　　　　　　④ ものだ

8) 明日雨が降（　　）だろう。

① る 　　　　　　　　② り

③ ん 　　　　　　　　④ った

9) あの店はとても人気がある（　　）。

① ようすだ 　　　　　② ようだ

③ ことだ 　　　　　　④ らしいだ

10) 雨が（　　）みたいです。

① やみ 　　　　　　　② やんだ

③ やる 　　　　　　　④ やんで

11) 田中さんはまるで人形（　　）です。

① みたい 　　　　　　② らしい

③ そう 　　　　　　　④ のみたい

12) さっき地震が (　　) そうだ。

① ある   ② あった

③ あり   ④ あって

13) 金さんは日本人 (　　) 日本語が上手です。

① みたいで   ② みたい

③ みたいに   ④ みたくて

14) 空を見ると、今にも雨が降 (　　) そうです。

① る   ② り

③ った   ④ って

15) 山田さんはどうも離婚 (　　) らしい。

① した   ② して

③ し   ④ しる

제**11**과

과거기본형에 접속

과거기본형에 접속

그룹1(5단동사)	어미가 う、つ、る → った 　　む、ぶ、ぬ → んだ 　　く、ぐ → いた、いだ 　　す → した ＊예외 いく → いった	いう → いった うつ → うった のる → のった ぬすむ → ぬすんだ あそぶ → あそんだ しぬ → しんだ かく → かいた およぐ → およいだ はなす → はなした
그룹2(1단동사)	る + た	ねる → ねた
그룹3(변격동사)		して、きた

〈활용연습〉

のむ、さわぐ、かくす、よぶ、のる、おくる、すう、わすれる、
つかう、はじめる、かりる

〈동사 보통체 연습〉

보통체로 바꿔 보세요.

(1) 行きませんでした。

(2) きれいじゃありませんでした。

(3) おおきかったです。

(4) はなしました。

(5) さむくありませんでした。

(6) しずかでした。

(7) そうじしました。

(8) かきました。

(9) いいませんでした。

(10) ゆうめいではありません。

(11) あたたかかったです。

(12) たべません。

(13) あつくありません。

(14) きませんでした。

(15) よみました。

---

1. ~たところだ(막 ~한 참이다)

1) 今、ごはんを食べたところです。

2) 赤ちゃんが今、寝たところです。

〈연습〉

① 遊ぶ

② 泣く

③ 探す

④ 死ぬ

⑤ 盗む

⑥ 変わる

⑦ さけぶ

⑧ やめる

⑨ ささる

⑩ 話す

---

2. ~するところだ

~하려고 하는 참이었다

1) 勉強するところでした。

2) 電話するところでした。

~뻔했다

1) 遅刻するところでした。

〈연습〉

① 会社に行きます。
② バスに乗ります。
③ けがをする。

3. ～いるところだ(～하고 있는 중이다)

1) 今ご飯を食べているところです。
2) 電話しているところです。

〈연습〉

① 今ご飯を食べる
② 子供たちといっしょに遊ぶ。
③ 赤ちゃんが寝る。

4. ～ほうがいい(～하는 것이 좋다)

행위를 촉구할 때는 동사 과거형た형, 다만 부정형은 현재형
1) 学校へ行かないほうがいいです。
2) 仕事をやめたほうがいいです。

〈연습〉

① 悪口をいいません。

② 練習します。

③ 勉強をする。

④ 歯をみがく。

⑤ ふとんをたたむ。

---

5. ~たまま(~한 채로)

1) ガスをつけたままでかけました。

2) 本を借りたまま返しません。

3) めがねをかけたまま寝ました。

〈연습〉

① 窓を開ける/寝る

② 車が止まる/動かない

③ エアコンをつける/でかける

---

6. ~たり~たり(~하거나 ~하거나)

1) 昨日はショッピングをしたり、公園に行ったりしました。

2) 休みの日はうちでテレビを見たり、本を読んだりします。

〈연습〉

① 束草に行って、山に登る/海で遊ぶ

② 日本に行って町の中を歩く/おいしいものを食べる

③ ゲームをする/寝る

연습문제

1) 今、ごはんを食べた（　　）です。

　　① まま　　　　　　　　② ところ

　　③ ほう　　　　　　　　④ とき

2) 学校に遅刻する（　　）、忘れ物をする（　　）、大変な一日でした。

　　① たり　　　　　　　　② し

　　③ と　　　　　　　　　④ や

3) 学校へ（　　）ほうがいいです。

　　① 行かない　　　　　　② 行って

　　③ 行くない　　　　　　④ 行きた

4) 遅刻する（　　）でした。

　　① まま　　　　　　　　② ところ

　　③ ほう　　　　　　　　④ ばかり

5) 仕事をやめた（　　）です。

　　① ほういい　　　　　　② ほうはいい

　　③ ほうもいい　　　　　④ ほうがいい

6) ガスを (　　) ままでかけました。

　　① つける　　　　　　　　② つけた

　　③ つけて　　　　　　　　④ つけって

7) 電話 (　　) ところでした。よかった。電話していたら大変なことになっていましたよ。

　　① した　　　　　　　　　② する

　　③ している　　　　　　　④ していた

8) めがねをかけた (　　) 寝ました。

　　① ように　　　　　　　　② よう

　　③ まま　　　　　　　　　④ ほう

9) 昨日はショッピングをし (　)、公園に行っ (　　) しました。

　　① たり　　　　　　　　　② し

　　③ と　　　　　　　　　　④ や

10) 今回の旅行は (　　) ほうがいいです。

　　① やめている　　　　　　② やめていた

　　③ やめた　　　　　　　　④ やめる

11) 休みの日はうちでテレビを見 (　　)、本を読 (　　) します。

　　① たり/んだり　　　　　　② たり/んたり

　　③ たり/たり　　　　　　　④ たり/むたり

12) けがを (　　) ところでした。よかった。

① した   ② する

③ している   ④ していた

13) 赤ちゃんが今、寝 (　　) ところです。起こさないように気をつけてね。

① る   ② て

③ た   ④ ていた

14) 本を借 (　　) まま返しません。

① りる   ② りた

③ りて   ④ りている

15) 将来のことを考えると学校はやめ (　　) ほうがいいです。

① なかった   ② なく

③ ない   ④ なくて

인용문과 たい형에 접속

인용문과 たい형에 접속

인용문

1. ~ ようとおもいます(~하려고 생각하고 있습니다)

그룹1(5단동사)	う단 → お단 + う	いく → いこう のむ → のもう かく → かこう
그룹2(1단동사)	る + よう	ねる → ねよう
그룹3(변격동사)		する → しよう くる → こよう

〈활용연습〉

のむ、さわぐ、かくす、よぶ、のる、おくる、すう、わすれる、
つかう、はじめる、かりる

1) 今日こそはテスト勉強しようと思います。

2) 明日は映画を見に行こうと思います。

〈연습〉

① 夏休みに日本に旅行する

② 今年は海で泳ぐ

③ 彼女を作る

2. ～といいます(~다고 합니다)

1) 私は田中あゆみといいます。

2) 先生は明日休みだと言いました。

3) 東京という都市はとても大きい都市です。

〈기본형 연습〉

① 静かじゃありませんでした

② 暖かくありませんでした

③ 書きませんでした

④ 泳ぎました

⑤ 話しました

⑥ 探しませんでした

⑦ 乗りました

① "赤ちゃんはとても大きくありませんでした"

② "東京は雨が降りませんでした"

ない형에 접속

그룹1(5단동사)	う단 → あ단 + ない * う는 わ가 된다	いく → いかない のむ → のまない かく → かかない
그룹2(1단동사)	る + ない	ねる → ねない
그룹3(변격동사)		する → しない くる → こない

のむ、さわぐ、かくす、よぶ、のる、おくる、すう、わすれる、つかう、はじめる、かりる

1. ~なくてはいけない (ならない)

   ~ないといけない

   ~なければいけない (ならない)

   ~해야 한다 / ~하지 않으면 안 된다

1) 学校を休まないで行かなければなりません。

2) 今年こそは就職しなければいけません。

〈연습〉

① 部屋をそうじする。

② いっしょうけんめい働く。

③ バスに忘れてきた財布を探す。

---

2. ~なくてもいい(~하지 않아도 된다)

1) そんなに急がなくてもいいです。

2) 部屋に入らなくてもいいです。

〈연습〉

① 今日は会社に行きます。

② 写真を撮ります。

③ 掃除します。

④ 大きな声で話します。

---

3. ~ずにはいられない(~하지 않으면 안 된다)

1) 甘いものを食べずにはいられません。

2) ゲームをせずにはいられません。

〈연습〉

① 歌を歌うのが好きなのでカラオケに行きます。

② アルュール中毒なので酒を飲みます。

연습문제

1) 今日こそはテスト勉強 (　　) と思います。

　① する　　　　　　　　② しない

　③ しよう　　　　　　　④ しろう

2) アルコール中毒なので酒を飲ま (　　)。

　① ずにはいられません　　② ずにいれらません

　③ ずにはいれません　　　④ ずにいれません

3) 私は田中あゆみ (　　) いいます。

　① が　　　　　　　　　② に

　③ と　　　　　　　　　④ は

4) 東京 (　　) 都市はとても大きい都市です。

　① と　　　　　　　　　② とかく

　③ といい　　　　　　　④ という

5) ゲームを (　　) にはいられません。

　① しず　　　　　　　　② せず

　③ しない　　　　　　　④ せない

6) 今年こそは就職し（　　）。

① なければいいです　　　　② なければいけます

③ なければいけません　　　④ なければよくありません

7) そんなに急が（　　）です。

① ないてもいい　　　　② ないてはならない

③ なくてはいけない　　④ なくてもいい

8) 赤ちゃんは大き（　　）といいました。

① いだ　　　　② だった

③ かった　　　④ いでした

9) 甘いものを食べず（　　）。

① てはいいです　　　　② にはいられません

③ にはいられます　　　④ てもいいです

10) 明日は映画を見に行（　　）と思います。

① った　　　② た

③ こう　　　④ よう

11) 歌を歌うのが好きなのでカラオケに行（　　）にはいられません。

① かず　　　② かない

③ く　　　　④ って

12) 部屋に入（　　）もいいです。

　① らなく　　　　　　　② らなくて

　③ て　　　　　　　　　④ らない

13) 温泉の湯は熱（　　）といいました。

　① いでした　　　　　　② いだ

　③ かった　　　　　　　④ くて

14) 学校を休まないで行（　　）なければなりません。

　① く　　　　　　　　　② か

　③ こ　　　　　　　　　④ け

15) 先生は明日休み（　　）言いました。

　① にと　　　　　　　　② でと

　③ と　　　　　　　　　④ だと

제 **13** 과

가정표현

가정표현

1. ～と(~하면)[뒤에 결과가 온다]

    1) ユーヒーをさとうを入れると甘くなります。
    2) 秋になるとすずしくなります。

〈연습〉

    ① たくさん食べます/太ります
    ② 子供が結婚します/寂しくなります
    ③ 恋をします/きれいになります

---

2. ～なら(~한다면, ~하려거든)

    * 추천할 때 사용한다.
    1) 韓国料理ならプルユギが有名です。

* 뒤에 판단이나 희망 의지를 나타낸다.
1) 大学に行くならバスで行くのがいいです。

〈연습〉

① 家を買います／アパートがいいです
② さくらを見ます／ソラク山がいいです
③ 山田さんが行きます／私も行きます

3. ~たら

* 뒤에 "なる~たい~で~しょう~ください"가 올 수 있다.
특정적인 가정, 제한적인 가정
1) 日本に行ったら おかしをかってきてください

〈연습〉

① 明日雨が降る／試合は中止です
② 大学に合格する／車を買ってあげます
③ レストランに行く／人がいっぱいでした。

4. ~ば[일반적인 내용, 항상적인 내용]

그룹1(5단동사)	う단 → え단 + ば	いく → いけば のむ → のめば かく → かけば
그룹2(1단동사)	~る + れば	ねる → ねれば
그룹3(변격동사)		する → すれば くる → くれば

〈활용연습〉

のむ、さわぐ、かくす、よぶ、のる、おくる、すう、わすれる、
つかう、はじめる、かりる

1) 右に行けば デパートがあります。
2) テレビを見れば目が悪くなります。

〈연습〉

① お金がある／家を買いたい
② 山に登る／気持ちがいい

5. ~ば ~ほど

  1) 日本語は勉強すればするほど難しくなります。

  2) キムチは食べれば食べるほどおいしくなります。

〈연습〉

  ① 赤ちゃん／泣く／元気になる

  ② 水／飲む／健康になる

연습문제

1) ユーヒーをさとうを入(　　) と甘くなります。

　① れる　　　　　　　　② れ

　③ れれ　　　　　　　　④ る

2) 家を買う(　　) アパートがいいです。

　① と　　　　　　　　　② なら

　③ ば　　　　　　　　　④ たら

3) テレビを見れ(　　) 目が悪くなります。

　① と　　　　　　　　　② なら

　③ ば　　　　　　　　　④ たら

4) 日本語は勉強すれば(　　) ほど難しくなります。

　① すれ　　　　　　　　② する

　③ し　　　　　　　　　④ しれ

5) 勉強し(　　) 寝ます。

　① と　　　　　　　　　② なら

　③ ば　　　　　　　　　④ たら

6) 韓国料理 (　　) プルコギが有名です。

① と　　　　　　　　② なら

③ ば　　　　　　　　④ たら

7) たくさん食べる (　　) 太ります。

① と　　　　　　　　② なら

③ ば　　　　　　　　④ たら

8) 明日、雨が降っ (　　) 遠足は延期です。

① と　　　　　　　　② なら

③ ば　　　　　　　　④ たら

9) 山田さんが行く (　　)、私も行きます。

① と　　　　　　　　② なら

③ ば　　　　　　　　④ たら

10) 日本に行っ (　　)、おかしをかってきてください。

① と　　　　　　　　② なら

③ ば　　　　　　　　④ たら

11) みぎに行け (　　)、デパートがあります。

① と　　　　　　　　② なら

③ ば　　　　　　　　④ たら

12) 大学に行く (　　　) バスで行くのがいいです。

　　① と　　　　　　　　② なら

　　③ ば　　　　　　　　④ たら

13) 秋になる (　　　) すずしいです。

　　① と　　　　　　　　② なら

　　③ ば　　　　　　　　④ たら

14) キムチは食べれ (　　　) 食べるほどおいしくなります。

　　① と　　　　　　　　② なら

　　③ ば　　　　　　　　④ たら

15) 恋をする (　　　) きれいになります。

　　① と　　　　　　　　② なら

　　③ ば　　　　　　　　④ たら

제 **14** 과

수수표현

14 수수표현

1. あげる・くれる(~주다)

   もらう(~받다)

   わたし → 山田
   1) 私は山田さんにプレゼントをあげました。
   2) 山田さんはプレゼントをもらいました。

   やまだ → たなか
   1) 山田さんは田中さんにプレゼントをあげました。
   2) 田中さんは山田さんにプレゼントをもらいました。

   やまだ → わたし
   1) 山田さんは私にプレゼントをくれました。
   2) 私は山田さんにプレゼントをもらいました。

2. ~て あげる (やる) ・ くれる(~해주다)

~て もらう

やまだ → たなか

1) 山田さんは田中さんにプレゼントをかってあげました。

2) 田中さんは山田さんにプレゼントをかってもらいました。

わたし → たなか

1) 私は田中さんにプレゼントを買ってあげました。

2) 田中さんにプレゼントを買ってもらいました。

やまだ → わたし

1) 山田さんは私にプレゼントをかってくれました。

2) 私は山田さんにプレゼントをかってもらいました。

3. 경어표현

~てくださる

~ていただく

~てさしあげる

先生 → 田中

1) 田中さんは先生にプレゼントを買っていただきました。

先生 → わたし

1) 先生は私にプレゼントを買ってくださいました。

2) 私は先生にプレゼントを買っていただきました。

わたし → 先生

1) 昨日、先生に誕生日プレゼントをさしあげました。

2) 先生に花を買ってさしあげました。

연습문제

1) 山田さんは私にケーキを（　　）ました。
　① あげ　　　　　　　② くれ
　③ もらい　　　　　　④ いただき

2) 友だちにお金を貸して（　　）ました。
　① もらい　　　　　　② ください
　③ くれ　　　　　　　④ いただき

3) 私は友だちに自転車を（　　）ました。
　① あげ　　　　　　　② くれ
　③ ください　　　　　④ いただき

4) 私は日本語がわからなかったので友だちに日本語を教えて（　　）
　ました。
　① くれ　　　　　　　② あげ
　③ ください　　　　　④ もらい

5) 雨が降って困っていると、先生が車に乗せて（　　）ました。
　① くれ　　　　　　　② もらい
　③ いただき　　　　　④ ください

6) 子供はおはしが使えないのでお母さんにごはんを食べさせて（　　）
  ました。

  ① あげ　　　　　　　② くれ

  ③ もらい　　　　　　④ いただき

7) 友だちがおみやげを買ってきて（　　　）ました。

  ① あげ　　　　　　　② もらい

  ③ くれ　　　　　　　④ いただき

8) 娘の誕生日なので私は娘に服を買って（　　　）ました。

  ① あげ　　　　　　　② もらい

  ③ くれ　　　　　　　④ いただき

9) 先生にわからない日本語を教えて（　　　）ました。

  ① もらい　　　　　　② いただき

  ③ ください　　　　　④ さしあげ

10) お客さんがうちに遊びに来たのでお茶を（　　　）ました。

  ① もらい　　　　　　② いただき

  ③ ください　　　　　④ さしあげ

11) 今夜、お客さんがくるので料理するのが大変で困っていたら、娘
  が手伝って（　　　）ました。

  ① あげ　　　　　　　② もらい

  ③ くれ　　　　　　　④ いただき

12) 私は目が見えないので母に本を読んで (　　) ました。

① あげ　　　　　　　② もらい

③ くれ　　　　　　　④ いただき

13) 荷物が重いので父が持って (　　) ました。

① あげ　　　　　　　② もらい

③ くれ　　　　　　　④ いただき

14) 先生が詳しく説明して (　　) ました。

① もらい　　　　　　② いただき

③ ください　　　　　④ さしあげ

15) 友だちがボールペンを持ってこなかったので、わたしは友だちに
　　 ボールぺこをかしこ (　　) ました。

① あげ　　　　　　　② もらい

③ くれ　　　　　　　④ いただき

제 **15** 과

~ています・てあります

~ています・てあります

자동사와 타동사

1. 자동사·타동사

자동사 : ~が + 동사

1) 窓が閉まります。(창문이 닫힙니다.)

타동사 : ~を + 동사

1) 窓を閉めます。(창문을 닫습니다.)

2. 자동사·타동사표

자동사		타동사	
閉まる	닫히다	閉める	닫다
開く	열리다	開ける	열다
つく	커지다	つける	키다
消える	꺼지다	消す	끄다
起きる	일어나다	起こす	깨다

壊れる	망그러지다	壊す	고장내다
集まる	모이다	集める	모으다
入る	들어가다	入れる	넣다
出る	나가다	出す	내다
止まる	멈추다	止める	세우다
始まる	시작되다	始める	시작하다

3. ～ています(상태)

자동사 + ています → 상태

1) 窓がしまっています。(창문이 닫혀 있습니다.)

타동사 + ています → 현재진행형

1) 窓を閉めています。(문을 닫고 있습니다.)

타동사 + ～てあります → 상태

1) 窓が閉めてあります。(창문이 닫아 있습니다.)

〈연습〉

① 車/止まる　　　　② 電気/消す

③ 会議/始める　　　④ ドア/開く

⑤ 人/集まる　　　　⑥ お金/入れる

⑦ 子供/起こす　　　⑧ 身分証明書/出す

⑨ エアユン/つける

연습문제

1) 子供は朝早くから起(　　)ます。
   ① きてい 　　　　　　② こしてい
   ③ きてあり 　　　　　④ こしてあり

2) テレビが壊(　　)。
   ① しています 　　　　② れてします
   ③ れています 　　　　④ れてあります

3) 道の横に車が止(　　)。
   ① まています 　　　　② まってあります
   ③ めています 　　　　④ めてあります

4) 電気が消(　　)。きっと留守なのでしょう。
   ① えてあります 　　　② しています
   ③ してあります 　　　④ しておきます

5) 会議が始(　　)よ。どうしよう。遅れてしまいました。
   ① まっています 　　　② まってあります
   ③ めています 　　　　④ めてあります

6) ドアが開 (　　)。入りましょうか。
　　① いてあります　　　　② いています
　　③ いておきます　　　　④ けています

7) 人が広場に集 (　　)。
　　① まっています　　　　② まってあります
　　③ まっておきます　　　④ めています

8) この袋にお金を入 (　　) ので自由に使ってください。
　　① っておきます　　　　② れています
　　③ れてあります　　　　④ ってあります

9) 赤信号で車が (　　)。
　　① 止まっています　　　② 止まってあります
　　③ 止めています　　　　④ 止めてあります

10) 宿題はもう出 (　　)。
　　① しています　　　　　② してあります
　　③ ています　　　　　　④ てあります

11) エアコンが (　　)。
　　① つけています　　　　② つけておきます
　　③ ついています　　　　④ ついてあります

12) 窓が（　　）。
　　① 開けています　　　　　② 開けてあります
　　③ 開けております　　　　④ 開いてあります

13) かばんの中に教科書が（　　）。
　　① 入っています　　　　　② 入ってあります
　　③ 入てあります　　　　　④ 入れています

14) 新製品を（　　）のでぜひご来店ください。
　　① 集めています　　　　　② 集めてあります
　　③ 集まっています　　　　④ 集まってあります

15) 子供たちはもう外に（　　）よ。
　　① 出てあります　　　　　② 出ています
　　③ 出してあります　　　　④ 出しています

제 **16** 과

가능형, 사역형, 수동태

16 가능형, 사역형, 수동태

1. 가능형

그룹1(5단동사)	う단 → え단 + る	いく → いける のむ → のめる かく → かける
그룹2(1단동사)	~~る~~ + られる	ねる → ねられる
그룹3(변격동사)		する → できる くる → こられる

1) 私は日本語を話すことができます。= 私は日本語が話せます。

2) 明日、行けますよ。

〈연습〉

休む、行く、言う、変える、する 答える 食べる

① 息子/1000メートル泳ぐ

② 山田さん/ピアノを上手にひきます

③ クラブをやめる

④ 子供/きれいにかたづける

---

2. 사역형

그룹1(5단동사)	う단 → あ단 + せる うき わ로 한다.	いく → いかせる のむ → のませる かく → かかせる
그룹2(1단동사)	る + させる	ねる → ねさせる
그룹3(변격동사)		する → させる くる → こさせる

書く → 書かせる

飲む → 飲ませる

見る → 見させる

1) 学生にレポートを書かせました。

2) 子供に薬を飲ませました。

〈연습〉

休む、行く、言う、変える、する 答える 食べる

① 子供/寝る

② 学生/そうじする

③ 先生/学生/本を読む

④ コーチ/学生/1000メートル走る

3. 수동태

그룹1(5단동사)	う단 → あ단 + れる	いく → いかれる
		のむ → のまれる
		かく → かかれる
그룹2(1단동사)	る+られる	ねる → ねられる
그룹3(변격동사)		する → される
		くる → こられる

〈활용연습〉

のむ、さわぐ、かくす、よぶ、のる、おくる、すう、わすれる、
つかう、はじめる、かりる

1) 先生は学生を呼びました。

　→ 学生は先生に呼ばれました。

2) 母は私の日記を読みました。

　→ 母に日記を読まれました。

3) 世界中でトヨタの車を売っています。

　→ トヨタの車は世界中で売られています。

4) この建物を戦前に建てました。

   → この建物は戦前に建てられました。

〈연습〉

とる、ふむ、みる、いう、しめる、しかる

※ 문장을 수동태로 바꿔보세요.

① 弟が私のケーキを食べました。

② 写真を撮りました。

③ 知らない人が足を踏みました。

④ 顔を見ました。

⑤ 友だちが悪口を言いました。

⑥ 寒いので窓を閉めました。

⑦ 先生が学生をしかりました。

⑧ 息子がコンピューターを壊しました。

---

4. 사역수동태

그룹1(5단동사)	う단 → あ단+される · せられる	いく → いかせられる のむ → のませられる かく → かかせられる はなす → はなさせられる
그룹2(1단동사)	る+させられる	ねる → ねさせられる
그룹3(변격동사)		する → させられる くる → こさせられる

〈활용연습〉

のむ、 およぐ、 のる、 おくる、 すう、 わすれる、 つかう、 はじ
める、 えがく、 さがす

1) 先生に立たされました。
2) るどもはお母さんに野菜を食べさせられました。

〈연습〉

1) 先生は教室のそうじをしなさいと言いました。
　　それで仕方なくそうじをしました。
　　→

2) 母は買い物に行けと言いました。
　　それで仕方なく買い物に行ってきました。
　　→

3) 母は日本語を習いなさいと言いました。
　　それで仕方なく日本語を習いました。
　　→

연습문제

1) 先生は学生にレポートを書（ 　　）ました。

① かせ 　　　　　　　② かさせ

③ き 　　　　　　　　④ かれ

2) 母に日本語を習（ 　　）ました。

① わさせられ 　　　② わさられ

③ わせられ 　　　　④ わせれ

3) 学生は先生にし（ 　　）ました。

① かれ 　　　　　　② かれられ

③ かられ 　　　　　④ から

4) この建物は戦前に建（ 　　）ました。

① てさせられ 　　　② てられ

③ てさせ 　　　　　④ てさせれ

5) 母に日記（ 　　）読まれました。

① が 　　　　　　　② を

③ て 　　　　　　　④ は

6) 世界中でトヨタの車が売（　　）います。

① れられて ② って

③ られて ④ らせて

7) 友だちに悪口を言（　　）ました。

① われ ② わせれ

③ わさ ④ わさせ

8) 学生は先生に教室の後ろに立（　　）ました。

① ち ② たせ

③ たさせられ ④ たされ

9) 息子にコンピューターを壊（　　）ました。

① され ② させられ

③ わされ ④ せられ

10) 子供はお母さんに野菜を食べ（　　）ました。

① させられ ② させ

③ せられ ④ られ

11) 明日（　　）ますよ。

① 行かれ ② 行け

③ 行けれ ④ 行けられ

12) 子供は母に買い物に行か (　　) ました。

　① させ　　　　　　　　② され

　③ せ　　　　　　　　　④ れ

13) ユーチは学生に1000メートル走 (　　) ました。

　① らし　　　　　　　　② らせ

　③ らされ　　　　　　　④ らせられ

14) 弟に私のケーキを食 (　　) ました。

　① べられ　　　　　　　② べさせられ

　③ べされ　　　　　　　④ べさられ

15) 先生は学生に本を読 (　　) ました。

　① まれ　　　　　　　　② ませられ

　③ まされ　　　　　　　④ ませ

제 **17** 과

존경어와 겸양어 1

존경어와 겸양어 1

1. 특별한 형태의 경어

존경어(尊敬語)		겸양어(謙讓語)
いらっしゃる （いらっしゃいます） おいでになる （おいでになります）	いる	おる （おります）
	行く	参る(방문하는 상대가 없는 경우) （まいります） 伺う(방문하는 상대가 있는 경우) （うかがいます）
	来る	参る （まいります）
おっしゃる （おっしゃいます）	言う	申す （もうします）
召し上がる （めしあがります）	食べる 飲む	いただく （いただきます）
ご覧になる （ごらんになります）	見る	拝見する （はいけんします）

	会う	お目にかかる （おめにかかります）
なさる （なさいます）	する	いたす （いたします）
お聞きになる （おききになります）	聞く	伺う （うかがいます） お聞きする （おききします）
ご存じだ （ごぞんじです）	知っています	存じる （ぞんじております）
お召しになる （おめしになります）	着る	
亡くなる （亡くなります）	死ぬ	
お休みになる （お休みになります）	寝る	

* 특별한 존경어에 규칙을 합해서 표현을 하면 경어의 수준이 더 높아진다.

예) お召し上がりになります。

1) お亡くなりになります。

2) ご拝見いたします。

3) お伺いいたします。

〈연습〉

※ 존경어로 바꿔보세요.

① 社長が日本へ行きます。

② 何を飲みますか。

③ 雑誌を読みますか。

④ 予約はしていますか。

⑤ 先生が研究室に来いと言っていました。

⑥ 一度、この服、着てみませんか。

⑦ 社長は映画を見ましたか。

⑧ 昨日、電話しましたか。

⑨ ちょっと聞きたいことがあります。

⑩ 先生の研究室に行きます。

⑪ 社長、昨日交通事故があったの知っていますか。

⑫ 社長の名前は何とおっしゃいましたか。

⑬ 今、うちの主人は いません。

⑭ 今回、貴社に行きたいんですが。

⑮ 先日、先生のお父様が死にました。

⑯ ゆっくり寝てください。

⑰ 先生に会いたいんですが。

⑱ お隣のおばあさんからお土産をもらいました。

⑲ 説明書を見ました。

⑳ 明日、私が東京に行きます。

연습문제

1) 先生はユリア人について (　　) ですか。

① ご存じ 　　　　　　② 拝見

③ 存じ 　　　　　　　④ お聞き

2) 明日先生のお宅に (　　) たいと思っています。

① 参り 　　　　　　　② 伺い

③ 聞き 　　　　　　　④ 行き

3) 奥様は今日とっても美しいドレスを (　　) いますね。

① お召して 　　　　　② 召し上がって

③ お召しになって 　　④ お召し上がって

4) 今日はゆっくり (　　) になってください。

① 休み 　　　　　　　② 休んで

③ お休み 　　　　　　④ お休んで

5) 学生: 山田先生は (　　) ますか？

山田先生: いいえ、今は、(　　) ませんが。

① いらっしゃい・おり　　② おり・いらっしゃい

③ いらっしゃい・いらっしゃい　④ おり・おり

6) 私は日本から（　　　）ました。

　　① うかがい　　　　　　　② まいり

　　③ お目にかかり　　　　　④ もうし

7) 貴社の事業計画書を（　　　）ました。

　　① ご覧になり　　　　　　② お聞きになり

　　③ 拝見し　　　　　　　　④ お目にかかり

8) これ、日本のお菓子です。（　　　）ください。

　　① お召し上がって　　　　② お召しになって

　　③ お召して　　　　　　　④ 召し上がって

9) 先生の奥さんにぜひ（　　　）たいです。

　　① 拝見し　　　　　　　　② お目にかかり

　　③ ご覧になり　　　　　　④ うかがい

10) お隣の奥さんにキムチを（　　　）ました。

　　① ください　　　　　　　② いただき

　　③ 召し上がり　　　　　　④ お召し上がり

11) ちょっと（　　　）たいことがあるんですが。

　　① うかがい　　　　　　　② うかがう

　　③ おききになり　　　　　④ お目にかかり

12) 先生は何と（　　）いましたか。

① おいいになって　　　② いらっしゃって

③ おしゃって　　　　　④ おっしゃって

13) 私はキムサランと（　　）ます。

① おっしゃい　　　　　② もうして

③ お聞きして　　　　　④ もうし

14) 先生は日本の映画を（　　）ことがありますか。

① 拝見した　　　　　　② お会いした

③ ご覧になった　　　　④ 拝見になった

15) 先日、日本の有名なタレントが（　　）ました。

① 亡くなり　　　　　　② 無いなり

③ 亡いなり　　　　　　④ 無くなり

제18과

존경어와 겸양어 2

18 존경어와 겸양어 2

1. 규칙이 있는 경어

존경어(尊敬語)	겸양어(謙譲語)
お＋ます形＋になる （お～になります） 　お持ちになります 　お撮りになります	お＋ます形＋する・いたす （お～します・いたします） 　お撮りします 　お持ちします
お＋한자어＋なさる （お～なさいます） 　ご結婚なさいます	お＋한자어＋する・いたす （お～します・いたします） 　ご説明いたします
～ていらっしゃる （～ていらっしゃいます）	～ておる （～ております）

*주의: ~해 드리다　お＋ます形＋します　お持ちします（×もってさしあげます）

〈연습〉

> 書く、読む、呼ぶ、立つ、座る、探す、乗る

2. 수동태로 표현하는 존경어

グループ1　う단 → あ단 + れる

グループ2　る빼고 + られる

グループ3　する → される

　　　　　　くる → こられる

〈연습〉

> 書く、読む、呼ぶ、立つ、座る、探す、乗る

※ 존경어로 바꿔보세요.

① 先生がいすに座りました。

② これからこのコンピューターの使い方を説明します。

③ 予約はしていますか。

④ 明日、もう一度こちらから電話します。

⑤ 私が持ってきます。

⑥ 先生が呼んでいますよ。

⑦ 山田社長は飛行機にいつ乗りましたか？

⑧ 昨日、電話しましたか。

⑨ 私がソウルを案内します。

⑩ この料理、先生の奥さんが作ったんですね。

⑪ 先日、先生は結婚しました。

연습문제

1) 先生がいすに（　　）になりました。

　① 座り　　　　　　　　② お座り

　③ 座って　　　　　　　④ 座られ

2) これからこのコンピューターの使い方を（　　）ます。

　① ご説明いたし　　　　② ご説明なさい

　③ お説明し　　　　　　④ お説明になり

3) 夕食は何を（　　）なりますか。

　① お召しに　　　　　　② 召し上がり

　③ お召し上がりに　　　④ ご召し上がりに

4) 雑誌を（　　）なりますか。

　① 拝見に　　　　　　　② お目に

　③ ご覧に　　　　　　　④ お覧に

5) ご予約は（　　）いますか。

　① して　　　　　　　　② なして

　③ なさて　　　　　　　④ なされて

6) 明日、もう一度こちらから（　　）。

① お電話しています　　　② ご電話しています

③ お電話いたします　　　④ ご電話いたします

7) 一度、この服、（　　）みませんか。

① 召して　　　　　　② お召して

③ お召し　　　　　　④ お召しになって

8) 私が（　　）します。

① 持ち　　　　　　② 持たれ

③ 持って　　　　　④ お持ち

9) 山田社長は飛行機にいつ（　　）ましたか？

① お乗りになり　　　② 乗りになり

③ お乗りしま　　　　④ 乗りしま

10) 社長は映画を（　　）ましたか。

① ご覧し　　　　　② ご覧され

③ ご覧になり　　　④ ご覧なされ

11) 昨日、私に（　　）ましたか。

① お電話なさり　　　② お電話なさい

③ お電話いたし　　　④ お電話いたり

12) 先生はいつソウルに ( ) ましたか。

① お行きになり ② お行き

③ 行かれ ④ お行かれ

13) 私がソウルを ( ) ます。

① ご案内され ② ご案内なさい

③ ご案内いたし ④ ご案内なさり

14) この料理、先生の奥さんが ( ) んですね。

① お作られ ② お作りになさった

③ お作りになった ④ お作りされ

15) 先生はいつ ( ) ましたか。

① お出かけされ ② お出かけなられ

③ お出かけになさり ④ お出かけになり

제**19**과

존경어와 겸양어 3

19 존경어와 겸양어 3

1. 의래문

(1) ～て + くださいませんか／いただけませんか／いただきたいんですが

① メモをする。

② 説明してください。

③ もう一度電話してください。

④ また来てください。

⑤ ファックスを送ってください。

⑥ 手伝ってください。

⑦ 山田社長に代わってほしい。

---

(2) お + 動詞ます形 + (になって) ください／くださいませんか／
いただけませんか／いただきたいんですが

1) ご覧いただけませんか。

2) お待ちになっていただきたいんですが。

〈연습〉

① 誘ってください。

② 知らせてください。

③ 読んでください。

---

(3) お・ご + 동작을 나타내는 한자어 + ください

1) お電話ください。

2) ご説明ください

2. ～させていただく　　～하겠습니다.

1) 発表させていただきます。

～させていただいてもよろしいですか ～해도 되겠습니까?

1) 休ませていただいてもよろしいでしょうか。

〈연습〉

① 説明します。

② 意見を言います。

③ 午前中に帰ります。

④ 説明書を読みます。

⑤ コンピューターを使います。

---

3. お~동사형＋いたしましょうか。

1) お手伝いいたしましょうか。

2) パンフレットをお送りいたしましょうか。

〈연습〉

① 説明します。

② コーヒーを入れます。

③ 電話番号を調べます。

④ 説明書を読みます。

⑤ コンピューターを使います。

---

1) ご案内して (　　　) ませんか。
   ① いただけ　　　　　　　② いただき
   ③ いただく　　　　　　　④ いただいて

2) 山田社長に代わって (　　　) たいんですが。
   ① いただけ　　　　　　　② いただき
   ③ いただく　　　　　　　④ いただいて

3) 今度はぜひ (　　　) いただきたいんですが。
   ① 誘いして　　　　　　　② お誘いして
   ③ 誘て　　　　　　　　　④ お誘い

4) このパンフレット (　　　) いただけませんか。
   ① 読むになって　　　　　② お読むになって
   ③ お読みになって　　　　④ 読みになって

5) 私が今回の司会を (　　　)。
   ① させています　　　　　② させてください
   ③ させます　　　　　　　④ させていただきます

6) 今日早めに帰(　　)いただいてもよろしいでしょうか。

① らせて　　　　　　　② りて

③ って　　　　　　　　④ させて

7) もう一度ファックスを送って(　　)ませんか。

① いただき　　　　　　② いただけ

③ いただく　　　　　　④ くだされ

8) 説明書を読んで(　　)んですが。

① いただけたい　　　　② いただきたい

③ いただけませ　　　　④ いただきませ

9) お茶を(　　)ましょうか。

① お入れなさい　　　　② お入れいたし

③ 入れて　　　　　　　④ 入れ

10) お手伝いして(　　)ませんか。

① いただき　　　　　　② ください

③ くださり　　　　　　④ いただく

11) 引っ越しのお手伝い(　　)。

① いたしましょうか　　② いたすましょうか

③ なされましょうか　　④ なしましょうか

12) このコンピューター使わさせて ( ) ないでしょうか。

　① いただけ　　　　　　　② いただく

　③ いただか　　　　　　　④ いただき

13) また ( ) ください。

　① おいでになり　　　　　② おいでになって

　③ おいでになさって　　　④ おいでにして

14) こちらからお呼びするまでこちらでお待ちになって ( ) ないで

　しょうか。

　① いただけ　　　　　　　② いただく

　③ いただき　　　　　　　④ いただか

15) もう一度 ( ) ください。

　① お電話し　　　　　　　② お電話する

　③ 電話し　　　　　　　　④ お電話

제**20**과

접속사

접속사

종류	접속사	의미
앞 내용이 원인이 되어 뒤에 결과나 결론이 온다.	だから	그래서
	それで	그래서
	そこで	거기서
	すると	그러자
	それでは	그러면
앞의 내용과 반대의 결과가 나온다.	しかし	그러나
	だけど	
	けれども	
	でも	
	ところが	그런데
	が	~지만
	それでも	그래도
<병렬> 이어진다.	また	또
<부가> 앞 내용에 부가시킨다.	それに	게다가
	しかも	
	そのうえ	

<대비> 앞과 뒤 내용을 비교한다.	一方	한편으로
	逆に	역으로
	反対に	반대로
<선택> 앞 내용과 뒤 내용을 비교한다.	または	아니면
	それとも	
<설명> 앞 내용을 설명한다.	なぜなら	왜냐하면
<보충> 앞 내용을 보충한다.	ただし	다만
<언환> 앞 내용을 다르게 말한다.	つまり	즉
	すなわち	바꿔 말하면
	要するに	결국
<예지>	例えば	예를 들면
<전환> 앞 내용과 화제, 상황을 바꾸다.	さて	그런데
	では	
	ところで	

1) 今日は疲れました。だから、寝ました。

2) 梅雨入りしました。それで毎日のように雨が降っています。

3) 台風が上陸しました。そのため雨がたくさん降りました。

4) 今日は暇です。そこで彼女に電話することにしました。

5) 学校に行こうと外に出ました。すると突然雨が降りだしました。

6) 今日は山田さんの誕生日です。それでみんなでプレゼントをあげました。

7) 昨日は晴れました。しかし、今日は雨です。

8) 勉強を一生懸命勉強しました。それでも成績があがりません。

9) あのホテルは高級です。また歴史も古いです。

10) あのレストランはおいしいです。それに安いです。

11) 先生はきれいです。しかもとてもやさしいです。

12) 日本の人口はどんどん減っています。一方で中国の人口はどんどん増えています。

13) 先生は背が高いです。逆に奥さんはとても背が低いです。

14) 外国語は日本語または中国語を勉強してください。

15) 最近とてもやせてしまいました。なぜなら病気になってしまったんです。

16) バスは子供は半額です。ただし子供は小学生以下です。

17) バス代は半額です。つまり150円ということです。

18) 山田さんはビルをたくさん持っています。すなわちお金持ちということです。

19) くだものにはいろいろな種類があります。例えばりんごとかみかんです。

20) 子供がどんどん減っています。さて母親はどうして子供を産もうとしないんでしょうか。

21) 昼食はいっぱい食べましたね。ところで学校の前にユーヒーショップができたんですが行ってみませんか。

연습문제

1) 今日は朝から雪が降っています。（　　）学校へ行きませんでした。
　① それから　　　　　　　② ところが
　③ しかも　　　　　　　　④ だから

2) 新しいユーヒーショップがオープンしました。（　　　）みんなで
　ユーヒーを飲みに行くことにしました。
　① それから　　　　　　　② ところが
　③ それで　　　　　　　　④ それとも

3) この家は駅から近いです。（　　）値段も安いです。
　① それで　　　　　　　　② それに
　③ それと　　　　　　　　④ それとも

4) この歌手はとてもきれいです。（　　）歌がとても下手です。
　① しかし　　　　　　　　② そして
　③ それで　　　　　　　　④ それでも

5) 毎日運動をしました。（　　）なかなかやせません。
　① それと　　　　　　　　② それで
　③ それでも　　　　　　　④ それに

6) 沖縄はとても暑いです。（　　）台風もよく来ます。
　① でも　　　　　　　　② それでも
　③ また　　　　　　　　④ では

7) 食べるものがなくなりました。（　　）おじいさんは家にあるもの
　を持って売りに出かけました。
　① それに　　　　　　　② そこで
　③ そして　　　　　　　④ しかし

8) 日本はどんどん生活が安定してきました。（　　）精神的に悩んで
　いる人が増えています。
　① 一方で　　　　　　　② すなわち
　③ それで　　　　　　　④ それでも

9) 先生は背が高いです。（　　）奥さんはとても背が低いです。
　① そして　　　　　　　② 逆に
　③ それで　　　　　　　④ それに

10) 部屋は禁煙室、（　　）喫煙室かを選択してください。
　① しかも　　　　　　　② または
　③ それで　　　　　　　④ ただし

11) 最近とても太りましたね。（　　）甘いものばかり食べたからです。
　① ところで　　　　　　② なぜなら
　③ また　　　　　　　　④ それでも

12) どなたでも入場できます。（　　）一才未満の赤ちゃんのお連れの
　　方はご遠慮ください。
　　① また　　　　　　　　　② 一方で
　　③ その上　　　　　　　　④ ただし

13) 桜が咲き始めました。（　　）春が来たということです。
　　① そして　　　　　　　　② それから
　　③ それに　　　　　　　　④ つまり

14) きものの種類はいろいろあります。（　　）ゆかたとかふりそでと
　　かです。
　　① 例えば　　　　　　　　② そのうえ
　　③ それに　　　　　　　　④ すなわち

15) 今日は運動をたくさんしました。（　　）おなかはすいていませんか。
　　① けれども　　　　　　　② それに
　　③ または　　　　　　　　④ ところで

제**21**과

모의시험문제

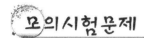

JPT용

※ 틀린 부분을 찾아보세요.

1) 昨日、道で友だちを会いました。友だちはかぜをひいて病院へ行っ
　　　　　①　　　②　　　　　　　　　　③

てきたそうです。
　　④

2) 道がこんでいて約束の時間にまにあいそうありません。それで電車
　　　　　　①　　　　　②　　　　③

に乗り換えました。
④

3) 今日は天気がとてもいいですね。でも天気予報によると明日は雨が
　　　①　　　　　　　　　　②　　③

降りそうです。
④

4) 束草は有名な観光地です。夏くなるとたくさんの人たちが遊びに来
　　　①　　　　　　　　②　　③　　　　　④
ます。

5) ここからは立ち入る禁止です。入ってはいけません。
　　　①　　　②　　　　③　　　④

6) 昨日から頭が痛いです。どうも風邪をひいたそうです。
　　　①　②　　　　　　　③　　　　　④

7) 明日は日本に行くことになっています。でも台風が来ているので
　　　　　　　　①　　　　　　　　　　②

　行く かどうか心配です。
　③　　④

8) 赤ちゃんが生まれました。友だちがお祝いにベビー服をあげました。
　　　　　①　　　　　　②　③　　　　　　④

9) 韓国も海外旅行をする人が増えていきました。しかし、外国での行
　　　　　①　　　　　　②　　　　　　　　　　　　　③

　動は気をつけなければいけません。
　　　　　　④

10) 母はとても背が低いです。私も母を似てとても背が低いです。
　　①　　　　　　　　　　②　③　④

11) 東京にフランス料理を食べたことがあります が、フランス料理
　　①　　　　　　　　　　　　②　③

　はとてもおいしくありません。
　　　　　　④

12)「お飲みものは何になさいますか。」「私はユーヒーします。」
　　①　　　②　　③　　　　　　　　④

13) 「少し お待ちして いただけませんか。その間、雑誌でもご覧
　　　　① 　　　② 　　　③ 　　　　　　　　　　　　　④

になっていてください。」

14) 昨日、一晩中、赤ちゃんに泣いて、寝ることができませんでした。
　　　　　① 　　　　　② 　③ 　　　④

15) 仕事でミスをして会社をやめさられました。それで新しい仕事を
　　　　① 　　　　　　　　　② 　　　　　③

探しました。
　④

JLPT용

> 問題1　次の文の　＊　に入る最もよいものを１・２・３・４から一
> 　　　　つえらびなさい。

1)　明日は誕生日＿＿＿ ＿＊＿ ＿＿＿ ＿＿ ならない。
　　① おかねば　　　　　② かって
　　③ ケーキを　　　　　④ なので

2)　＿＿＿ ＿＿＊＿ ＿＿＿ ＿＿ ならないし、ストレスがたまるだけだ。
　　① よく　　　　　　　② 勉強しても
　　③ いくら　　　　　　④ 成績は

3) 毎日毎日同じものを食べているので、___ ___* ___ ___ ほしい。

① 作って   ② おいしい

③ もっと   ④ 料理を

4) 今日の午後3時に会議を ___ ___* ___ ___ が道が込んでいて間に合うかどうかわからない。

① する   ② なって

③ ことに   ④ いる

5) 運動をいっしょうけんめいしている ___ ___* ___ ___ どうしてだろう。

① のは   ② のに

③ なかなか   ④ やせない

6) 今、台風が来ているので、___ ___* ___ ___ らしい。

① 雨が   ② 明日

③ 降る   ④ から

7) 1年以上日本語を勉強した ___* ___ ___ ___ 覚えることができない。

① すら   ② のに

③ ひらがな   ④ まだ

8) 今日は一日中、___ ___* ___ ___ が痛くなった。

① ばかり   ② 寝て

③ 頭   ④ で

9) 昨日から熱が ＿＿＿ ＿＊＿ ＿＿＿ ＿＿ みたいだ。

　① 風邪を　　　　　　　② あって

　③ ひいた　　　　　　　④ どうも

10) 電車の中で ＿＿＿ ＿＊＿ ＿＿＿ ＿＿ なった。

　① 困った　　　　　　　② 盗まれて

　③ ことに　　　　　　　④ 財布を

11) 学校の前に新しいユーヒーショップが ＿＿ ＿＊＿ ＿＿ ＿＿ しょう。

　① 行きま　　　　　　　② ので

　③ できた　　　　　　　④ いっしょに

12) 日本に行ったら日本の ＿＿＿ ＿＊＿ ＿＿＿ ＿＿ ください。

　① 買って　　　　　　　② お菓子を

　③ 必ず　　　　　　　　④ 来て

13) 最近日本では学校へ ＿＿＿ ＿＿＿＊ ＿＿＿ ＿＿ います。

　① きて　　　　　　　　② こどもが

　③ ふえて　　　　　　　④ 行かない

14) お客様、ユーヒー ＿＿＿ ＿＊＿ ＿＿＿ ＿＿ しましょうか。

　① お持ち　　　　　　　② を

　③ お茶　　　　　　　　④ か

15) 娘 ＿＿＿ ＿＿*＿＿ ＿＿＿ ＿＿ をさせられました。

① に　　　　　　　　　② は

③ お母さん　　　　　　④ そうじ

問題2　次の文章を読んで、文章全体の内容を考えて1～5の中に
　　　　入る最もよいものを1・2・3・4から一つ選びなさい。

日本のコンビニはとても便利だ。生活に必要なものがすべてそ
ろっている。特にお弁当はとてもおいしい。食堂で食べる料理
よりもおいしいこともある。＿＿＿1＿＿＿、お母さんたちは家で料
理をしないでお弁当を＿＿＿2＿＿＿家で食べる家が増えている。
また、銀行の代わりにお金を入れ＿＿＿3＿＿＿もできる。また、
電気代や水道代の支払いもコンビニでできる。これからもどん
どん＿＿＿4＿＿＿。
以前、ローソンの社長はコンビニに求められているのは「わくわ
くする付加価値」と言っている。たしかに若者たちはこのわく
わくするものを求めてコンビニに＿＿＿5＿＿＿。

1.

① しかし　　　　　　　②それから

③ なぜなら　　　　　　④ だから

2.

   ① 買っていって   ② 買ってして

   ③ 買ってきて   ④ 買ってもらって

3.

   ① 入れて引き出して   ② 入れるし引き出すし

   ③入れると引き出すと   ④ 入れたり引き出したり

4.

   ① 便利になっていくだろう ② 便利になってきた

   ③ 便利になっていく   ④ 便利になった

5.

   ① 集まったことになる   ② 集らないかもしれない

   ③ 集まっているのかもしれない   ④ 集まったことがない

부록 1: 연습문제 해답

제1과

1	2	3	4	5	6
②	③	④	①	④	③

제2과

1	2	3	4	5	6	7	8	9	10
②	③	④	③	④	①	②	③	④	②
11	12	13	14	15
①	②	④	③	③

제3과

1	2	3	4	5	6	7	8	9	10
④	④	①	③	④	②	④	③	②	②
11	12	13	14	15
①	③	④	②	②

제4과

1	2	3	4	5	6	7	8	9	10
④	②	①	④	②	①	③	④	③	②
11	12	13	14	15
③	④	①	③	④

제5과

1	2	3	4	5	6	7	8	9	10
④	④	①	①	②	④	④	①	④	③

11	12	13	14	15
②	①	④	③	②

제6과

1	2	3	4	5	6	7	8	9	10
④	②	②	①	②	③	③	②	④	②

11	12	13	14	15
①	④	③	③	③

제7과

1	2	3	4	5	6	7	8	9	10
②	④	④	①	②	①	④	③	③	③

11	12	13	14	15
③	②	②	②	④

제8과

1	2	3	4	5	6	7	8	9	10
②	①	①	③	①	③	③	①	③	①

11	12	13	14	15
②	①	②	①	②

제9과

1	2	3	4	5	6	7	8	9	10
②	③	③	③	③	④	④	③	②	①

11	12	13	14	15
②	④	③	③	①

제10과

1	2	3	4	5	6	7	8	9	10
②	③	①	③	①	④	②	①	②	②

11	12	13	14	15
①	②	③	②	①

제11과

1	2	3	4	5	6	7	8	9	10
②	②	①	②	④	②	②	③	①	③

11	12	13	14	15
①	②	③	②	③

제12과

1	2	3	4	5	6	7	8	9	10
③	①	③	④	②	③	④	③	②	③

11	12	13	14	15
①	②	③	②	④

제13과

1	2	3	4	5	6	7	8	9	10
①	②	③	②	④	②	①	④	②	④

11	12	13	14	15
③	②	①	③	①

제14과

1	2	3	4	5	6	7	8	9	10
②	①	①	④	④	③	③	①	②	④

11	12	13	14	15
③	②	③	③	①

제15과

1	2	3	4	5	6	7	8	9	10
①	③	④	③	①	②	①	③	①	②

11	12	13	14	15
③	②	①	②	②

제16과

1	2	3	4	5	6	7	8	9	10
①	③	③	②	②	③	①	④	①	①

11	12	13	14	15
②	②	②	①	④

제17과

1	2	3	4	5	6	7	8	9	10
①	②	③	③	①	②	③	④	②	②

11	12	13	14	15
①	④	④	③	①

제18과

1	2	3	4	5	6	7	8	9	10
②	①	③	③	④	③	④	④	①	③

11	12	13	14	15
②	③	③	③	④

제19과

1	2	3	4	5	6	7	8	9	10
①	②	②	③	④	①	②	②	②	②

11	12	13	14	15
①	①	②	①	④

제20과

1	2	3	4	5	6	7	8	9	10
④	③	②	①	③	③	②	①	②	②

11	12	13	14	15
②	④	④	①	①

제21과

JPT용

1	2	3	4	5	6	7	8	9	10
②	③	④	②	②	④	③	④	②	③

11	12	13	14	15
①	④	②	③	②

JLPT용

1	2	3	4	5	6	7	8	9	10
③	②	②	③	③	④	②	①	④	②

11	12	13	14	15
②	③	②	③	③

1	2	3	4	5
④	③	④	①	③

부록 2: 이 책에 나오는 한자와 단어

제1과

一	いち	일	二	に	이
三	さん	삼	四	よん・し	사
五	ご	오	六	ろく	육
七	しち・なな	칠	八	はち	팔
九	きゅう	구	十	じゅう	십
百	ひゃく	백	千	せん	천
万	まん	만	一時	いちじ	한시
一分	いっぷん	일분			
一昨年	おととし	재작년	去年	きょねん	작년
今年	ことし	올해	来年	らいねん	내년
再来年	さらいねん	후년	先先月	せんせんげつ	저저번 달
先月	せんげつ	저번 달	今月	こんげつ	이번 달
来月	らいげつ	다음 달	再来月	さらいげつ	다다음 달
先々週	せんせんしゅう	저저번 주	先週	せんしゅう	저번 주
今週	こんしゅう	이번 주	来週	らいしゅう	다음 주
再来週	さらいしゅう	다다음 주	一昨日	おととい	그저께
昨日	きのう	어제	今日	きょう	오늘
明日	あした	내일	明後日	あさって	모래
一年	いちねん	일년	一月	いちがつ	일월
一日	いちにち	하루	日曜日	にちようび	일요일
月曜日	げつようび	월요일	火曜日	かようび	화요일
水曜日	すいようび	수요일	木曜日	もくようび	목요일
金曜日	きんようび	금요일	土曜日	どようび	토요일
お祖父さん	おじいさん	할아버지	お祖母さん	おばあさん	할머니
お父さん	おとうさん	아버지	お母さん	おかあさん	어머니

お兄さん	おにいさん	오빠, 형	お姉さん	おねえさん	언니, 누나
弟	おとうと	남동생	妹	いもうと	여동생
祖父	そふ	조부	祖母	そぼ	조모
父	ちち	아버지	母	はは	어머니
兄	あに	오빠, 형	姉	あね	언니, 누나
弟	おとうと	남동생	妹	いもうと	여동생
夫	おっと	남편	主人	しゅじん	남편
妻	つま	처	家内	かない	집사람
奥さん	おくさん	사모님	息子	むすこ	아들
娘	むすめ	딸	一人	ひとり	혼자
一才	いっさい	한살	私	わたし	저
韓国人	かんこくじん	한국인	日本人	にほんじん	일본인
本	ほん	책	雨	あめ	비
先生	せんせい	선생님	晴れ	はれ	맑음
上	うえ	위	下	した	아래
中	なか	안	外	そと	밖
前	まえ	앞	後ろ	うしろ	뒤
右	みぎ	오른쪽	左	ひだり	왼쪽
横	よこ	옆	隣	となり	옆
教室	きょうしつ	교실	何	なに	무엇
誕生日	たんじょうび	생일	駅	えき	역
授業	じゅぎょう	수업	担当	たんとう	담당
教授	きょうじゅ	교수	夏休み	なつやすみ	여름방학
首都	しゅと	수도	旅行	りょこう	여행

제2과

頭	あたま	머리	痛い	いたい	아프다
熱	ねつ	열	好きだ	すきだ	좋아하다
卒業式	そつぎょうしき	졸업식	娘	むすめ	딸
起きる	おきる	일어나다	妹	いもうと	여동생
食べる	たべる	먹다	学校	がっこう	학교
行く	いく	가다	甘い	あまい	달다

田中	たなか	다나카(이름)	来る	くる	오다
思う	おもう	생각하다	図書館	としょかん	도서관
勉強	べんきょう	공부	休む	やすむ	쉬다
酒	さけ	술	米	こめ	쌀
作る	つくる	만들다	疲れる	つかれる	피곤하다
寝る	ねる	자다	降る	ふる	내리다
夜	よる	밤	遅い	おそい	늦다
帰る	かえる	돌아가다	銀行	ぎんこう	은행
探す	さがす	찾다	見つかる	みつかる	찾다, 발견하다
音楽	おんがく	음악	聞く	きく	듣다

제3과

知る	しる	알다	教室	きょうしつ	교실
学生	がくせい	학생	冷蔵庫	れいぞうこ	냉장고
肉	にく	고기	野菜	やさい	야채
入る	はいる	들어가다	静かだ	しずかだ	조용하다
気に入る	きにいる	마음에 들다	運動	うんどう	운동
水泳	すいえい	수영	休校	きゅうこう	휴강
せっかく		모처럼	乗る	のる	타다
会う	あう	만나다	似る	にる	닮다

제4과

新しい	あたらしい	새롭다	涼しい	すずしい	시원하다
古い	ふるい	오래되다	明るい	あかるい	밝다
長い	ながい	길다	少ない	すくない	적다
短い	みじかい	짧다	小さい	ちいさい	작다
暖かい	あたたかい	따뜻하다	暗い	くらい	어둡다
部屋	へや	방	有名だ	ゆうめいだ	유명하다
上手だ	じょうずだ	잘하다	暇だ	ひまだ	한가하다
便利だ	べんりだ	편리하다	静かだ	しずかだ	조용하다
きれいだ		깨끗하다	もっと		더

行く	いく	가다	飲む	のむ	마시다
書く	かく	쓰다	読む	よむ	읽다
帰る	かえる	돌아가다	入る	はいる	들어가다
走る	はしる	달리다	切る	きる	자르다
食べる	たべる	먹다	見る	みる	보나
寝る	ねる	자다	起きる	おきる	일어나다
来る	くる	오다	今日	きょう	오늘
学校	がっこう	학교	昨日	きのう	어제
明日	あした	내일	公園	こうえん	공원
用事	ようじ	볼일	紙	かみ	종이
名前	なまえ	이름	お願い	おねがい	부탁
座る	すわる	앉다	今	いま	지금
勉強	べんきょう	공부	歌手	かしゅ	가수
以前	いぜん	이전	有名	ゆうめい	유명하다

제5과

涼しい	すずしい	시원하다	東京	とうきょう	도쿄
大阪	おおさか	오오사카	韓国	かんこく	한국
日本	にほん	일본	大学	だいがく	대학
高校	こうこう	고등학교	時計	とけい	시계
高い	たかい	비싸다	広い	ひろい	넓다
食堂	しょくどう	식당	うるさい		시끄럽다
りんご		사과	バナナ	ばなな	바나나
好きだ	すきだ	좋아하다	魚	さかな	생선
肉	にく	고기	おいしい		맛있다
数学	すうがく	수학	英語	えいご	영어
難しい	むずかしい	어렵다	犬	いぬ	개
猫	ねこ	고양이	かわいい		귀엽다
宿泊	しゅくはく	숙박	授業	じゅぎょう	수업
終わる	おわる	끝나다	約束	やくそく	약속
場所	ばしょ	장소	駅前	えきまえ	역앞
味	あじ	맛	におい		냄새

音	おと	소리	声	こえ	소리
店	みせ	가게	値段	ねだん	값
彼	かれ	그이	頭	かお	얼굴
運動	うんどう	운동	遅い	おそい	늦다
疲れる	つかれる	피곤하다	弟	おとうと	남동생
家	いえ	집	暖かさ	あたたかさ	따뜻하다
深さ	ふかさ	깊음	真剣だ	しんけんだ	진지하다
寒い	さむい	춥다	静かだ	しずかだ	조용하다
重い	おもい	무겁다	海	うみ	바다
詞	し	시	泣く	なく	울다
彼女	かのじょ	그녀	子供	こども	아이
科学	かがく	과학	嫌い	きらい	싫다
注文	ちゅうもん	주문	大変だ	たいへんだ	힘들다
最近	さいきん	요즘	並み	なみ	평균, 보통

제6과

日本語	にほんご	일본어	話す	はなす	이야기하다
漢字	かんじ	한자	書く	かく	쓰다
料理	りょうり	요리	泳ぐ	およぐ	수영하다
本	ほん	책	読む	よむ	읽다
休む	やすむ	쉬다	怒る	おこる	화를 내다
海	うみ	바다	山	やま	산
登る	のぼる	올라가다	国	くに	나라
酒	さけ	술	友だち	ともだち	친구
会う	あう	만나다	就職	しゅうしょく	취직
旅行	りょこう	여행	そうじ		청소
食堂	しょくどう	식당	お金	おかね	돈
払う	はらう	지불하다	図書館	としょかん	도서관
2週間	にしゅうかん	2주간	借りる	かりる	빌리다
集まる	あつまる	모이다	船	ふね	배
乗る	のる	타다	辛い	からい	맵다
付き合う	つきあう	사귀다	運動	うんどう	운동

제7과

一度	いちど	한 번	試験	しけん	시험
受ける	うける	받다	着物	きもの	기모노
着る	きる	입다	がんばる		열심히 하다
話す	はなす	이야기하다	遊ぶ	あそぶ	놀다
うるさい		시끄럽다	たばこ		담배
吸う	すう	피우다	忘れる	わすれる	잊어버리다
かぜをひく		감기 걸리다	ねぼうをする		늦잠을 자다
手紙	てがみ	편지	捨てる	すてる	버리다
仕事	しごと	일	やめる		그만두다
甘いもの	あまいもの	단 것	運転中	うんてんちゅう	운전중
寝る	ねる	자다	誕生日	たんじょうび	생일
準備	じゅんび	준비	買う	かう	사다
お礼	おれい	사례	言葉	ことば	말
考える	かんがえる	생각하다	子供	こども	아이
人気	にんき	인기	出る	でる	나다
減る	へる	줄다	若者	わかもの	젊은이
生活	せいかつ	생활	変わる	かわる	변하다
外国人	がいこくじん	외국인	増える	ふえる	늘어나다
何回	なんかい	몇번	聞く	きく	듣다
わかる		알다	病気	びょうき	병
失敗	しっぱい	실패	練習	れんしゅう	연습
電話	でんわ	전화	かける		걸다
待つ	まつ	기다리다	太る	ふとる	살이 찌다
探す	さがす	찾다	走る	はしる	달리다

제8과

急に	きゅうに	갑자기	動く	うごく	움직이다
花	はな	꽃	咲く	さく	피다
赤ちゃん	あかちゃん	아기	泣く	なく	울다
父	ちち	아버지	怒る	おこる	화를 내다
さくら		벚꽃	小学校	しょうがっこう	초등학교

通う	かよう	다니다	風	かぜ	바람
ふく		부르다	愛	あい	사랑
感じる	かんじる	느끼다	やっと		겨우
卒業	そつぎょう	졸업	論文	ろんぶん	논문
さとう		설탕	髪	かみ	머리 가락
短い	みじかい	짧다	歩く	あるく	걷다
しゃべる		수다떨다	教える	おしえる	가르치다
打つ	うつ	치다	使う	つかう	사용하다
飛行機	ひこうき	비행기	ゆっくり		천천히, 편히
答える	こたえる	대답하다	習う	ならう	배우다
音楽	おんがく	음악	娘	むすめ	딸

제9과

予定	よてい	예정	泊まる	とまる	머물다
結婚	けっこん	결혼	道	みち	길
込む	こむ	붐비다	電車	でんしゃ	전차
近道	ちかみち	지름길	入院	にゅういん	입원
台風	たいふう	태풍	旅行	りょこう	여행
暑さ	あつさ	더위	食欲	しょくよく	식욕
宿題	しゅくだい	숙제	健康	けんこう	건강
合格	ごうかく	합격	参加	さんか	참가
出席	しゅっせき	출석	きっと		아마, 반드시
上手	じょうず	능숙하다	留守	るす	부재중
眠い	ねむい	졸리다	失敗	しっぱい	실패
落ちる	おちる	떨어지다	沖縄	おきなわ	오키나와
雪	ゆき	눈			

제10과

さっき			아까	地震	じしん	지진
試験	しけん		시험	簡単だ	かんたんだ	간단하다
もうすぐ			이제 곧	始まる	はじまる	시작하다
勝つ	かつ		이기다	うち		집, 우리

空	そら	하늘	パン屋	ぱんや	빵가게
今週中	こんしゅうちゅう	이번주	赤ちゃん	あかちゃん	아기
今にも	いまにも	지금이라도	泣く	なく	울다
離婚	りこん	이혼	通う	かよう	다니다
どうも		아무래도	隣	となり	이웃
息子	むすこ	아들	店	みせ	가게
人気	にんき	인기	騒ぎ	さわぎ	소동
やむ		그치다	まるで		마치
人形	にんぎょう	인형	選手	せんしゅ	선수

제11과

死ぬ	しぬ	죽다	盗む	ぬすむ	훔치다
変わる	かわる	변하다	遅刻	ちこく	지각
会社	かいしゃ	회사	けがをする		다치다
ご飯	ごはん	밥	悪口	わるぐち	욕
歯をみがく	はをみがく	이를 닦다	ふとん		이불
たたむ		(옷, 이불) 개다	つける		붙이다
でかける		나가다	返す	かえす	반납하다
めがね		안경	かける		쓰다, 걸다
窓	まど	창문	開ける	あける	열다
止まる	とまる	멈추다	動く	うごく	움직이다
町	まち	마을	将来	しょうらい	장래

제12과

思う	おもう	생각하다	映画	えいが	영화
夏休み	なつやすみ	여름방학	作る	つくる	만들다
都市	とし	도시	いっしょうけんめい		열심히
働く	はたらく	일을 하다	財布	さいふ	지갑
探す	さがす	찾다	急ぐ	いそぐ	서두르다
写真	しゃしん	사진	撮る	とる	찍다
掃除	そうじ	청소	歌	うた	노래
歌う	うたう	노래 부르다	中毒	ちゅうどく	중독

제13과

秋	あき	가을	子供	こども	아이
結婚	けっこん	결혼	寂しい	さびしい	쓸쓸하다
恋	こい	사랑	中止	ちゅうし	중지
車	くるま	자동차	いっぱい		가득하다
右	みぎ	오른쪽	目	め	눈
悪い	わるい	나쁘다	気持ち	きもち	마음
元気	げんき	건강, 힘	健康	けんこう	건강
水	みず	물	遠足	えんそく	소풍
延期	えんき	연기			

제14과

花	はな	꽃	説明	せつめい	설명
自転車	じてんしゃ	자전거	貸す	かす	빌려주다
車	くるま	자동차	乗せる	のせる	태우다
子供	こども	아이	おはし		젓가락
おみやげ		선물	服	ふく	옷
お茶	おちゃ	차	大変だ	たいへんだ	힘들다
困る	こまる	곤란하다	手伝う	てつだう	도와주다
荷物	にもつ	짐	重い	おもい	무겁다
持つ	もつ	가지다	詳しい	くわしい	자세하다

제15과

窓	まど	창문	閉まる	しまる	닫히다
閉める	しめる	닫다	開く	あく	열리다
開ける	あける	열다	消える	きえる	없어지다
消す	けす	끄다	起きる	おきる	일어나다
起こす	おこす	깨다	壊れる	こわれる	망가지다
壊す	こわす	부수다	集まる	あつまる	모이다
集める	あつめる	모으다	入る	はいる	들어가다
入れる	いれる	넣다	出る	でる	나가다

出す	だす	내다	止まる	とまる	멈추다
止める	とめる	세우다	始まる	はじまる	시작하다
電気	でんき	전기	会議	かいぎ	회의
人	ひと	사람	身分証明書	みぶんしょうめいしょ	신분증
道	みち	길	横	よこ	옆
留守	るす	부재중	遅れる	おくれる	늦다
広場	ひろば	광장	袋	ふくろ	봉투
自由	じゆう	자유	使う	つかう	사용하다
赤信号	あかしんごう	적신호	教科書	きょうかしょ	교과서
新製品	しんせいひん	신제품	外	そと	밖

제16과

変える	かえる	변하다	答える	こたえる	대답하다
息子	むすこ	아들	泳ぐ	およぐ	수영하다
上手だ	じょうずだ	능숙하다	薬	くすり	약
呼ぶ	よぶ	부르다	日記	にっき	일기
世界中	せかいじゅう	온 세계	売る	うる	팔다
建物	たてもの	건물	戦前	せんぜん	전쟁 전
建てる	たてる	건축하다	知らない	しらない	모르다
足	あし	다리	踏む	ふむ	밟다
顔	かお	얼굴	悪口	わるぐち	욕
言う	いう	말하다	壊す	こわす	부수다
立つ	たつ	서다	野菜	やさい	야채
仕方ない	しかたない	어쩔 수 없다	習う	ならう	배우다

제17과

参る	まいる	가다(겸양어)	伺う	うかがう	가다(겸양어)
申す	もうす	말하다(겸양어)	召し上がる	めしあがる	먹다(겸양어)
ご覧になる	ごらんになる	보다(존경어)	拝見する	はいけんする	보다(겸양어)
ご存じだ	ごぞんじだ	알다(존경어)	知る	しる	알다
着る	きる	입다	お召しになる	おめしになる	입다(존경어)

亡くなる	なくなる	돌아가시다	死ぬ	しぬ	죽다
休む	やすむ	쉬다	寝る	ねる	자다
社長	しゃちょう	사장	雑誌	ざっし	잡지
予約	よやく	예약	研究室	けんきゅうしつ	연구실
交通事故	こうつうじこ	교통사고	名前	なまえ	이름
主人	しゅじん	남편	貴社	きしゃ	귀사
お父様	おとうさま	아버님	土産	みやげ	선물
お宅	おたく	댁	奥様	おくさま	사모님
美しい	うつくしい	아름답다	事業	じぎょう	사업
計画書	けいかくしょ	계획서	お菓子	おかし	과자
隣	となり	이웃			

제18과

呼ぶ	よぶ	부르다	立つ	たつ	서다
座る	すわる	앉다	探す	さがす	찾다
乗る	のる	타다	予約	よやく	예약
使い方	つかいかた	사용방법	説明	せつめい	설명
案内	あんない	안내	作る	つくる	만들다
結婚	けっこん	결혼			

제19과

送る	おくる	보내다	手伝う	てつだう	도와주다
代わる	かわる	대신하다	ご覧	ごらん	보다(존경어)
待つ	まつ	기다리다	誘う	さそう	부르다
知らせる	しらせる	알리다	発表	はっぴょう	발표
意見	いけん	의견	午前中	ごぜんちゅう	오전중
使う	つかう	사용하다	電話番号	でんわばんごう	전화번호
調べる	しらべる	찾다	司会	しかい	사회
呼ぶ	よぶ	부르다			

제20과

疲れる	つかれる	피곤하다	梅雨入り	つゆいり	장마시작
台風	たいふう	태풍	上陸	じょうりく	상륙
暇	ひま	한가하다	彼女	かのじょ	그녀
突然	とつぜん	갑자기	晴れる	はれる	맑다
一生懸命	いっしょうけんめい	열심히	成績	せいせき	성적
高級	こうきゅう	고급	歴史	れきし	역사
古い	ふるい	오래되다	減る	へる	줄어가다
増える	ふえる	늘어나다	人口	じんこう	인구
一方で	いっぽう	한편으로	やさしい		상냥하다
背	せ	키	低い	ひくい	낮다
逆に	ぎゃくに	반대로	やせる		살이 빠지다
病気	びょうき	병	半額	はんがく	반값
以下	いか	이하	バス代	ばすだい	버스 값
お金持ち	おかねもち	부자	種類	しゅるい	종류
例えば	たとえば	예를 들면	どんどん		종종
母親	ははおや	모친	産む	うむ	출산하다
昼食	ちゅうしょく	중식	値段	ねだん	값
歌手	かしゅ	가수	近い	ちかい	가깝다
なかなか		좀처럼	なくなる		없어지다
生活	せいかつ	생활	安定	あんてい	안정
精神的	せいしんてき	정신적	悩む	なやむ	고민하다
増える	ふえる	늘어나다	禁煙室	きんえんしつ	금연실
喫煙室	きつえんしつ	흡연실	選択	せんたく	선택
太る	ふとる	살이 찌다	入場	にゅうじょう	입장
お連れ	おつれ	동반자	方	かた	분
遠慮	えんりょ	사양	桜	さくら	벚꽃
咲く	さく	피다	始める	はじめる	시작하다
春	はる	봄	おなかがすく		배가 고프다

제21과

昨日	きのう	어제	病院	びょういん	병원
会う	あう	만나다	約束	やくそく	약속
こむ		붐비다	間に合う	まにあう	시간이 되다
時間	じかん	시간	乗り換える	のりかえる	갈아타다
電車	でんしゃ	전차	束草	ソクチョ	속초
天気	てんき	날씨	観光地	かんこうち	관광지
有名だ	ゆうめいだ	유명하다	人	ひと	사람
夏	なつ	여름	立ち入り禁止	たちいりきんし	출입금지
遊ぶ	あそぶ	놀다	頭	あたま	머리
入る	はいる	들어가다	風邪	かぜ	감기
痛い	いたい	아프다	心配	しんぱい	걱정
台風	たいふう	태풍	生まれる	うまれる	태어나다
赤ちゃん	あかちゃん	애기	服	ふく	옷
お祝い	おいわい	축하	海外旅行	かいがいりょこう	해외여행
韓国	かんこく	한국	行動	こうどう	행동
増える	ふえる	늘어나다	母	はは	어머니
気をつける	きをつける	조심하다	低い	ひくい	낮다
背	せ	키	料理	りょうり	요리
似る	にる	닮다	少し	すこし	조금
飲みもの	のみもの	마시는 것	間	あいだ	동안
待つ	まつ	기다리다	ご覧になる	ごらんになる	보다의 존경어
雑誌	ざっし	잡지	泣く	なく	울다
一晩中	ひとばんじゅう	한밤중	会社	かいしゃ	회사
やめる		그만두다	新しい	あたらしい	새롭다
仕事	しごと	일	探す	さがす	찾다
誕生日	たんじょうび	생일	成績	せいせき	성적
会議	かいぎ	회의	運動	うんどう	운동
以上	いじょう	이상	覚える	おぼえる	외우다
一日中	いちにちじゅう	하루종일	頭	あたま	머리
痛い	いたい	아프다	熱	ねつ	열
道	みち	길	電車	でんしゃ	전차

困る	こまる	곤란하다	盗む	ぬすむ	훔치다
お菓子	おかし	과자	財布	さいふ	지갑
最近	さいきん	요즘	必ず	かならず	반드시
お客様	おきゃくさま	손님	増える	ふえる	늘어나다
娘	むすめ	딸	持つ	もつ	가지다
生活	せいかつ	생활	便利だ	べんりだ	편리하다
そろう		갖추어지다	必要	ひつよう	필요하다
弁当	べんとう	도시락	特に	とくに	특히
銀行	ぎんこう	은행	代わり	かわり	대신
入れる	いれる	넣다	引き出す	ひきだす	돈을 찾다
電気代	でんきだい	전기세	水道代	すいどうだい	수도세
支払い	しはらい	지불	以前	いぜん	이전
社長	しゃちょう	사장	求める	もとめる	구하다
付加	ふか	부가	価値	かち	가치
言う	いう	말하다	若者	わかもの	젊은이
集まる	あつまる	모이다			

외워둬야 하는 동사

書く	かく	쓰다	急ぐ	いそぐ	서두르다
行く	いく	가다	呼ぶ	よぶ	부르다
来る	くる	오다	終わる	おわる	끝나다
見る	みる	보다	止まる	とまる	멈추다
食べる	たべる	먹다	貸す	かす	빌려주다
行く	いく	가다	起きる	おきる	일어나다
来る	くる	오다	借りる	かりる	빌리다
買う	かう	사다	はく		신다
泳ぐ	およぐ	수영하다	着く	つく	도착하다
待つ	まつ	기다리다	消す	けす	끄다
作る	つくる	만들다	直す	なおす	고치다
死ぬ	しぬ	죽다	曲がる	まがる	돌다
遊ぶ	あそぶ	놀다	立つ	たつ	서다
読む	よむ	읽다	勝つ	かつ	이기다

飲む	のむ	마시다	住む	すむ	살다
話す	はなす	이야기하다	咲く	さく	피다
やめる		그만두다	撮る	とる	찍다
かける		걸다	切る	きる	자르다
調べる	しらべる	찾다	走る	はしる	달리다
帰る	かえる	돌아가다	わかる		알다
続ける	つづける	계속하다	入る	はいる	들어가다
出す	だす	내다	取る	とる	집다
出る	でる	나가다	入れる	いれる	넣다
待つ	まつ	기다리다	登る	のぼる	올라가다
乗る	のる	타다	要る	いる	필요하다
勉強する	べんきょうする	공부하다	知る	しる	알다
掃除する	そうじする	청소하다	座る	すわる	앉다
運動をする	うんどうする	운동하다	降る	ふる	내리다
忘れる	わすれる	잊다	泊まる	とまる	머물다
なくす		잃어버리다	触る	さわる	만지다
持つ	もつ	가지다	習う	ならう	배우다
脱ぐ	ぬぐ	벗다	使う	つかう	사용하다
開ける	あける	열다	消える	きえる	사라지다
吸う	すう	마시다	洗う	あらう	씻다
言う	いう	말하다	歌う	うたう	노래하다
休む	やすむ	쉬다	思う	おもう	생각하다
教える	おしえる	가르치다	寝る	ねる	자다
会う	あう	만나다	疲れる	つかれる	피곤하다
つける		붙이다	遅れる	おくれる	늦다
とめる		세우다	降りる	おりる	내리다
置く	おく	놓다	乗り換える	のりかえる	갈아타다
閉める	しめる	닫다	集める	あつめる	모으다
払う	はらう	지불하다	生まれる	うまる	태어나다
返す	かえす	돌려주다	負ける	まける	지다
出かける	でかける	외출하다	勝つ	かつ	이기다
働く	はたらく	일을 하다	着る	きる	입다
手伝う	てつだう	도와주다	滑る	すべる	미끄럽다

送る	おくる	보내다	気をつける	きをつける	조심하다
聞く	きく	듣다	考える	かんがえる	생각하다
結婚する	けっこんする	결혼하다	修理する	しゅうりする	수리하다
買い物する	かいものする	쇼핑하다	電話する	でんわする	전화하다
食事する	しょくじする	식사하다	引っ越す	ひっこす	이사하다
散歩する	さんぽする	산책하다	紹介する	しょうかいする	소개하다
コピーする	こぴーする	복사하다	案内する	あんないする	안내하다
研究する	けんきゅうする	연구하다	説明する	せつめいする	설명하다
心配する	しんぱいする	걱정하다	連れて来る	つれてくる	데리고 오다
残業する	ざんぎょうする	잔업하다	持って来る	もってくる	가지고 가다
出張する	しゅっちょうする	출장하다	役に立つ	やくにたつ	도움이 되다
運転する	うんてんする	운동하다	引く	ひく	당기다
予約する	よやくする	예약하다	動く	うごく	움직이다
見学する	けんがくする	견학하다	歩く	あるく	걷다
洗濯する	せんたくする	빨래하다	押す	おす	누르다
練習する	れんしゅうする	연습하다	渡る	わたる	건너가다

알아둬야 하는 い형용사

大きい	おおきい	크다	ほしい		갖고 싶다
小さい	ちいさい	작다	寂しい	さびしい	쓸쓸하다
新しい	あたらしい	새롭다	広い	ひろい	넓다
古い	ふるい	오래되다	若い	わかい	젊다
いい		좋다	長い	ながい	갈다
悪い	わるい	나쁘다	短い	みじかい	짧다
寒い	さむい	춥다	明るい	あかるい	밝다
暑い	あつい	덥다	暗い	くらい	어둡다
冷たい	つめたい	차갑다	背が高い	せがたかい	키가 크다
難しい	むずかしい	어렵다	危ない	あぶない	위험하다
やさしい		쉽다	眠い	ねむい	졸리다
高い	たかい	높다, 비싸다	強い	つよい	강하다
低い	ひくい	낮다	弱い	よわい	약하다
安い	やすい	싸다	すごい		굉장하다

おもしろい		재미있다	狭い	せまい	좁다
おいしい		맛있다	軽い	かるい	가볍다
楽しい	たのしい	즐겁다	重い	おもい	무겁다
忙しい	いそがしい	바쁘다	辛い	からい	맵다
近い	ちかい	가깝다	甘い	あまい	달다
遠い	とおい	멀다	涼しい	すずしい	시원하다
早い	はやい	일찍이다	暖かい	あたたかい	따뜻하다
速い	はやい	빠르다	少ない	すくない	적다
遅い	おそい	늦다	多い	おおい	많다

알아둬야 하는 な형용사

きれいだ		깨끗하다	嫌いだ	きらいだ	싫어하다
静かだ	しずかだ	조용하다	上手だ	じょうずだ	능숙하다
にぎやかだ		시끄럽다	下手だ	へただ	못하다
有名だ	ゆうめいだ	유명하다	いろいろだ		여러가지다
親切だ	しんせつだ	친절하다	同じだ	おなじだ	같다
元気だ	げんきだ	건강하다	大切だ	たいせつだ	소중하다
暇だ	ひまだ	한가하다	大丈夫だ	だいじょうぶだ	괜찮다
便利だ	べんりだ	편리하다	無理だ	むりだ	무리다
素敵だ	すてきだ	멋지다	無駄だ	むだだ	소용이 없다
簡単だ	かんたんだ	간단하다	不便だ	ふべんだ	불편하다
大変だ	たいへんだ	힘들다	正直だ	しょうじきだ	정직하다
好きだ	すきだ	좋아하다	幸せだ	しあわせだ	행복하다
平気だ	へいきだ	태연하다	派手だ	はでだ	화려하다
失礼だ	しつれいだ	실례하다	地味だ	じみだ	수수하다
頑固だ	がんこだ	고집 세다	真面目だ	まじめだ	성실하다
得意だ	とくいだ	잘하다	複雑だ	ふくざつだ	복잡하다
苦手だ	にがてだ	못하다	不幸だ	ふこうだ	불행하다

저자약력

구니사다유타카

현) 경동대학교 외식산업경영학과 부교수
일본 국립에히베대학교 교육학부 졸업
가톨릭관동대학교 교육대학원 석사 졸업
강원대학교 일본학과 박사과정 수료

저서
Vision 일본어 상·하(공저)

일본어 문법 한 권으로 따지기

2018년 2월 20일 초 판 1쇄 발행
2020년 1월 30일 개정판 1쇄 발행

지은이 구니사다유타카
펴낸이 진욱상
펴낸곳 (주)백산출판사
교 정 편집부
본문디자인 오행복
표지디자인 오정은

저자와의
합의하에
인지첩부
생략

등 록 2017년 5월 29일 제406-2017-000058호
주 소 경기도 파주시 회동길 370(백산빌딩 3층)
전 화 02-914-1621(代)
팩 스 031-955-9911
이메일 edit@ibaeksan.kr
홈페이지 www.ibaeksan.kr

ISBN 979-11-90323-57-4 13730
값 15,000원